W0406751

DON BOSCO
VERLAG

Danken möchte ich meiner Familie, insbesondere meiner Schwester
und meinem Freund, die mir immer mit Tipps und Anregungen zur Seite standen,
Douglas Wosnitza, der mir bei der Vertonung der Lieder behilflich war,
und allen Kindern und Erzieherinnen der Kindertagesstätte in Westönnen,
die mir die Ideen zu den meisten Geschichten lieferten.

Swana Rensmann

Krachomat und Leisophon

Klanggeschichten für Kinder von 3 bis 8

Don Bosco

Die Deutsche Bibliothek – CIP-Einheitsaufnahme

Rensmann, Swana:
Krachomat und Leisophon : Klanggeschichten
für Kinder von 3 bis 8 / Swana Rensmann. –
1. Aufl. – München : Don Bosco, 1999
ISBN 3-7698-1162-3

1. Auflage 1999/ISBN 3-7698-1162-3
© 1999 Don Bosco Verlag, München
Umschlag und Illustrationen: Felix Weinold
Notensatz: Notensatzstudio Nikolaus Veeser
Grafische Notationen: Alex E. Schmid
Gesamtherstellung: Don Bosco Grafischer Betrieb, Ensdorf

Gedruckt auf umweltfreundlichem Papier.

Inhalt

Liebe Leserin, lieber Leser!

Kinder hören gern Geschichten. Auch mehrfach vorgetragen, werden sie den meisten Kindern nicht langweilig. Die Erzählungen in diesem Buch greifen die unterschiedlichsten Themen aus der Lebens- und Gefühlswelt von Kindern auf, sie thematisieren jahreszeitliche Ereignisse ebenso wie fantastische Begebenheiten. Es entspricht dem ganzheitlichen Erleben von Kindern, wenn sie über das Zuhören hinaus in die Handlung einbezogen werden und die Geschichte selbst mitgestalten können. Dafür bietet sich im besonderen Maße die musikalische Umsetzung mit Orff-Instrumenten an. Durch die Verklanglichung werden die dargestellten Geräusche, Gefühle und Fantasien noch intensiver erlebt.

Das Experimentieren mit Klängen und den unterschiedlichen Instrumenten bereitet den Kindern große Freude. Anders als viele Erwachsene setzen sie den eigenen Körper und vor allem die eigene Stimme als Klanginstrumente ein. Sind keine oder nicht genügend Musikinstrumente vorhanden, finden Kinder in ihrem Umfeld problemlos Alltagsmaterialien, die sich als Klangerzeuger umfunktionieren lassen (z.B. einen alten Topf mit Kochlöffel, Glasflaschen, Steine usw.) und mit Begeisterung erprobt werden.
Grafische Notationen erleichtern den Einsatz von Orff-Instrumenten, weitere Symbole zeigen zusätzliche Möglichkeiten der musikalischen Umsetzung mit klingenden Alltagsgegenständen auf. Körpereigene Klanggesten können nach Belieben hinzugenommen werden. Die Kinder selbst haben oft die besten Ideen, wie die Geschichten noch lebendiger gestaltet werden können.

Kurze Hinweise im Anschluss an einige der Klanggeschichten dienen als Anregung, wie das jeweilige Thema durch weitere Aktivitäten mit den Kindern weitergeführt und vertieft werden kann.

Swana Rensmann

Tipps zum Begleiten von Klanggeschichten

Hinführung:
Zu Beginn können Sie die Kinder auf die ausgewählte Geschichte einstimmen, indem Sie mit Ihnen Bilder oder die Zeichnungen der handelnden Figuren betrachten und darüber sprechen. So wird einerseits schon gespannte Erwartung in den Kindern wachgerufen, andererseits wird das Verstehen der Geschichte durch die konkrete Anschauung erleichtert.

Musikalische Gestaltung:
Es empfiehlt sich, die Geschichte zuerst einmal vorzulesen. Je nach Alter und Vorerfahrung der Kinder können Sie die Erzählung entweder zunächst selbst mit den entsprechenden Instrumenten begleiten oder aber Sie lassen die Kinder eigenständig die passenden Instrumente zuordnen. In jedem Fall sollten Vorschläge der Kinder aufgegriffen werden und in die musikalische Gestaltung einfließen. Anschließend kann sich jedes Kind für ein Instrument bzw. eine Klanggeste entscheiden und an der entsprechenden Stelle im Verlauf der Geschichte aktiv werden.

Nicht perfekte Einstudierung der Vorlage ist das Ziel, sondern die Freude am Spielen und Musikmachen. Die hier vorgegebene musikalische Umsetzung ist als Vorschlag zu verstehen. Sie kann je nach Gruppensituation und Vorerfahrung der Kinder abgewandelt, ergänzt werden oder an die jeweils vorhandene Ausstattung mit Instrumenten angepasst werden. Pauken lassen sich beispielsweise ohne Weiteres auch durch Bongos ersetzen, jede Form von Rasseln kann an Stelle der Maracas verwendet werden.
Wichtig ist es, den Kindern sowohl beim Experimentieren und Erproben der Instrumente wie auch später beim Vorlesen ausreichend Zeit für das musikalische Spiel zu lassen. Ältere Kinder können die Geschichte nach mehrmaliger Wiederholung gegebenenfalls auch selbst erzählen bzw. einen Sprecher ernennen. In diesem Fall hält sich die pädagogische Fachkraft im Hintergrund.

Instrumente und Klangsymbole

Großes Becken 

Xylophon 

Triangel 

Metallophon 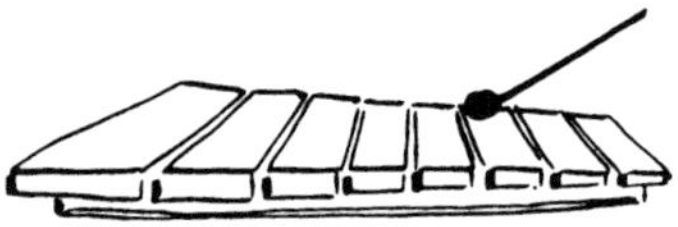

Schellenring 

Glockenspiel 

Schellenkranz 

Fingercymbeln 

Ratsche 

Reco Guiro

Cabasa

Maracas
Rasseln

Regenmacher

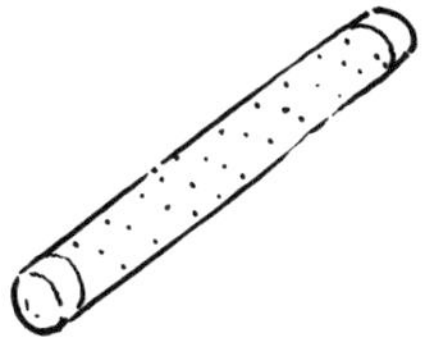

Kastagnetten

Klanghölzer

Handtrommel

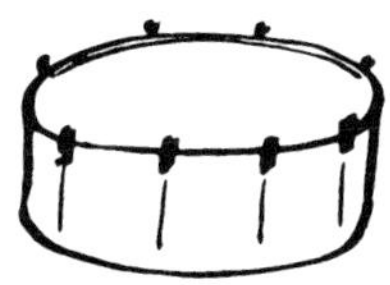

Pauken

Bongos

Holzblocktrommel

Hupe

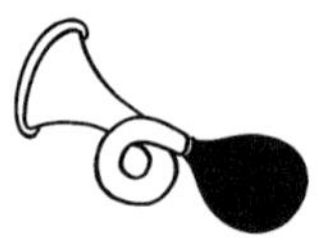

Flötenkopf

Gitarre oder anderes Saiteninstrument

Körperinstrument Stimme

Körperinstrument Füße

Körperinstrument Hände

Krachomat und Leisophon

Folgende Instrumente können in dieser Geschichte eingesetzt werden:

 *Holzblocktrommel*

 *Schellenkranz*

 *Großes Becken*

 *Kastagnetten*

 *Fingercymbeln*

 *Flötenkopf*

 *Pauken*

 *Glockenspiel*

Karl Krachmacher ist der schlimmste Junge aus der ganzen Tropfsteingasse, und es leben eine Menge Kinder in der Tropfsteingasse.

Da gibt es z.B. Klara, die alle Heulsuse rufen, weil sie ständig aus unerklärbaren Gründen weint;

Jeff, der beim Lachen gackert wie eine Henne;

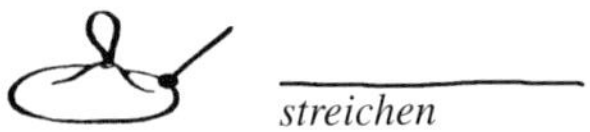

Tommy, der so faul ist, dass er beim Gehen die Füße nicht richtig hoch hebt, und den man durch seinen schlürfenden Gang schon von Weitem kommen hört;

und dann noch Tobi, der den prächtigsten aller Hunde besitzt mit Namen Checki.

Doch Klaras Heulen, Jeffs gackerndes Lachen,

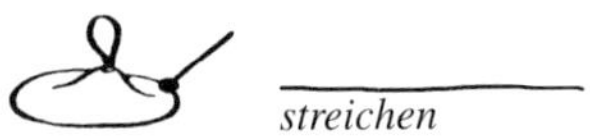

Tommys schlürfender Gang,

und das Bellen von Tobis Hund Checki sind zusammen nicht so laut, wie Karl Krachmacher mit seinem selbst gebauten Krachomat.

Auch heute geht er wieder mit seinem Krachomat durch die Tropfsteingasse und macht den lautesten, ohrenbetäubensten und furchterregendsten Lärm, den man sich nur vorstellen kann.

Schon einmal haben ihm die Tropfsteingassenbewohner seinen Krachomat weggenommen. Hat aber leider nichts genützt, denn Karl Krachmacher wurde so wütend, dass er einen noch viel schrecklicheren und lauteren Krachomat baute, als die Bewohner sich jemals hätten vorstellen können.

Doch eines Tages geschieht etwas sehr Sonderbares.
Die Bewohner der Tropfsteingasse hören lediglich
das Heulen von Klara, das gackernde Lachen von Jeff,

das Schlürfen von Tommy

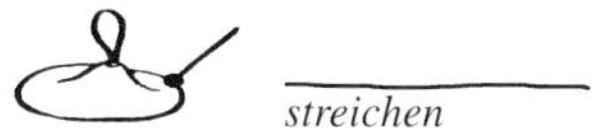

und das Bellen vom Prächtigsten aller Hunde.

Jedoch der ohrenbetäubende Lärm aus Karls Krachomat ist nicht zu hören.

Karl Krachmacher ist nämlich krank. Er hat eine Mittelohrentzündung. Und jeder, der einmal eine Mittelohrentzündung gehabt hat, weiß, wie weh das tut.

Karls Mutter schließt alle Fenster und Türen, da Karl jetzt keinen Lärm vertragen kann.

Und als Karl nach zwei Wochen endlich wieder richtig gesund ist, hat er keine Lust mehr mit seinem Krachomaten zu spielen.

Gemeinsam mit den anderen Kindern baut er nun an einem Leisophon, was den Bewohnern der Tropfsteingasse auch viel besser gefällt.

Kinder machen gerne mal so richtig „Krach", wie Karl Krachmacher mit seinem Krachomaten.
Ganz einfach lässt sich ein Krachomat selbst bauen.
Man braucht dazu:
- einen alten Stuhl
- ein Metallrohr (in einzelne unterschiedlich lange Stücke sägen)
- einen Topf
- Schrauben und Nägel
- Flaschen
- Kronkorken

Die klingenden Materialien werden an den Stuhlseiten befestigt. Sie können mit einem kleinen Metallstab oder einem Kochlöffel angeschlagen werden.

Gemeinsam mit den Kindern kann später auch überlegt werden, wie ein Leisophon aussehen könnte.

Träumen

Folgende Instrumente können in dieser Geschichte eingesetzt werden:

Schellenring

Kastagnetten

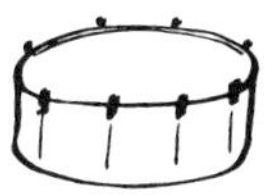

Handtrommel

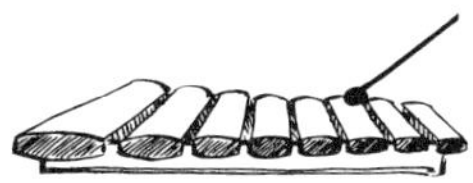

Xylophon

Holzblocktrommel

Triangel

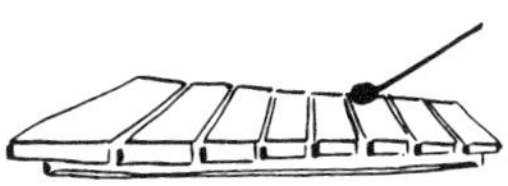

Metallophon

Cabasa

Großes Becken

Karin, das Kindermädchen hält die kleine Lisa fest im Arm. Lisa will nicht schlafen gehen. „Da kommt wieder dieser blöde Traum, der hat mir Angst gemacht“, erzählt sie Karin.

Karin wiegt Lisa in ihren Armen hin und her.

„Ich habe früher auch oft schlimme Sachen geträumt“, sagt Karin. „Was denn für Sachen?“, fragt Lisa. Karin beginnt zu erzählen:

bellen

„Unsere Nachbarn hatten einen Hund, der hieß Hasso. Hasso war groß und schwarz.

bellen

Hasso hat immer furchtbar gebellt,

wenn man am Gartenzaun entlang musste.

Ich bin dann immer gerannt wie der Blitz, weil ich mich so gefürchtet habe.

Nachts habe ich dann von Hasso geträumt.

Er kam durch die Fensterscheibe meines Zimmers gesprungen,

hat zuerst meine Lieblingspuppe Lea verschlungen, dann meinen Teddy und später auch noch mich.

Das war immer ein schrecklicher Traum.

huhu …

Manchmal bin ich sogar weinend davon aufgewacht.“

„Oje“, sagt Lisa, „und das hast du ganz oft geträumt?“
„Ja“, sagt Karin, „bis zu der Nacht, als meine Mami plötzlich vor meinem Bett stand.

Sie hatte mich im Schlaf weinen hören.

Als ich ihr dann von Hasso erzählt habe, hat sie gesagt, ich solle mir mal keine Sorgen mehr machen. Am nächsten Morgen ist Mami mit mir zu den Nachbarn gegangen.

Die haben mir dann Hasso vorgestellt.
Erst hatte ich ganz schön Angst.

Aber dann habe ich gemerkt,
dass Hasso eigentlich ganz lieb ist.

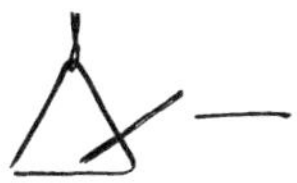

Später haben Hasso und ich sogar zusammen im Garten gespielt.

In dieser Nacht hatte ich dann wieder einen Traum.
Es war ein wunderschöner Traum.

Ich war auf einer großen Blumenwiese.

Es war ein warmer Sommertag.

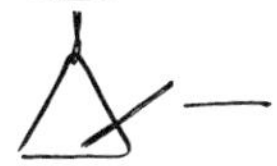

Die Vögel zwitscherten.

Und dann hörte ich ein vertrautes Bellen.

Mein Freund Hasso kam angelaufen.
Er trug ein Stöckchen im Maul."

Karin erzählte und erzählte. Die kleine Lisa war inzwischen schon fest eingeschlafen. Und vielleicht träumte sie ja sogar Karins wunderschönen Traum weiter.

Das neue Handy

Folgende Instrumente können in dieser Geschichte eingesetzt werden:

Holzblocktrommel

Triangel

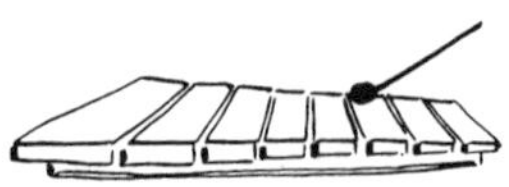

Metallophon

Hupe

Papa Arthur hat sich gestern ein neues Handy gekauft. Es ist silber und ganz klein.

Wenn man wählen will, muss man es aufklappen, um an die Tasten heranzukommen.

Das neue Handy macht ganz lustige Geräusche, wenn Papa einen Anruf bekommt.

Papa telefoniert auch beim Autofahren mit seinem Handy.

brrr …

Gestern standen wir an einer roten Ampel, da hat Papa die Oma angerufen, um ihr zu sagen, wann wir bei ihr ankommen werden.

Ein Kind: Hallo Oma, wir kommen …

Papa hat gar nicht gemerkt, dass die Ampel schon wieder auf Grün umgesprungen war.

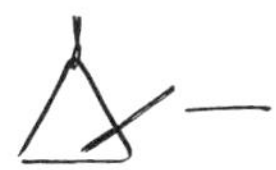

Er hat immer noch mit der Oma gequatscht.

Wir haben dann im Chor „Grün" geschrien, doch es war zu spät.

Drei Kinder: grün!

Die Ampel zeigte jetzt schon Orange und kurz darauf wieder Rot.

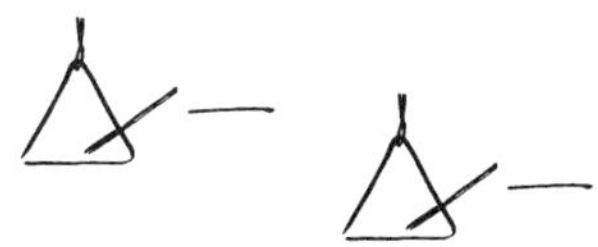

Das weiße Auto hinter uns hat gehupt, und dann hat der Mann in dem Auto Papa einen Vogel gezeigt.

oder

Mama hat Papa das Handy abgenommen. Dann hat sie gesagt: „Du musst auch nicht immer beim Autofahren telefonieren. Du hältst ja den ganzen Verkehr auf".

Danach hat Papa nicht mehr im Auto telefoniert,
aber dafür ständig bei der Oma.

Dreimal hat das Handy noch geklingelt.

Und zweimal hat Papa noch irgendwelche Bekannten angerufen.
So ein Handy ist ja ganz schön, aber wie Mama findet, manchmal auch ganz schön nervig.

Auch für Kinder gibt es schon Spielzeughandys, die äußerlich genauso aussehen wie die Echten.
Handys nehmen immer mehr zu. Kinder sind in der Regel von ihnen fasziniert.
In dieser Geschichte wird deutlich, dass Handys gerade im Straßenverkehr auch eine Gefahrenquelle darstellen.
Kinder die in das Zeitalter der Technik und der neuen Medien hineingeboren werden, sollten schon früh lernen, sich kritisch damit auseinander zu setzen.
Warum also nicht das Thema „Neue Medien“ mit Kindergartenkindern angehen?
Den Einstieg hierfür könnte diese Klanggeschichte bilden. Zusätzlich könnten die Kinder Spielzeughandys mitbringen.

Hagelkörner so dick wie Tischtennisbälle

Folgende Instrumente können in dieser Geschichte eingesetzt werden:

 *Holzblocktrommel*

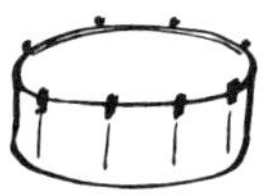 *Handtrommel*

 *Klanghölzer*

 *Großes Becken*

 *Schellenkranz*

 *Schellenring*

 *Triangel*

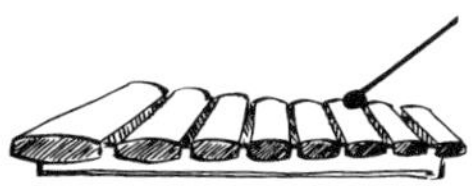 *Xylophon*

Heute hat es gehagelt.

Viele kleine, harte Körnchen fielen auf die Erde. Sie bedeckten schnell den ganzen Boden.

Tina staunte.

Sie stand hinter dem Fenster und schaute nach draußen.

Schneeflocken hatte sie schon öfter tanzend

und wirbelnd durch die Lüfte fliegen sehen.

Aber diese kleinen harten weißen Körner sah sie zum ersten Mal. Es prasselte

und es knallte richtig, wenn sie den Boden berührten.

Oma kam zu ihr. Sie sagte: „Ich habe einmal Hagelkörner gesehen, die waren so groß wie Tischtennisbälle. Viele Autos hatten sogar Dellen von den dicken Körnern."
„So groß wie Tischtennisbälle?", wiederholte Tina staunend.

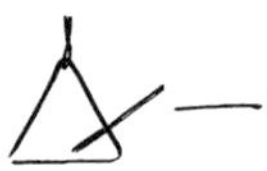

„Ja", sagte Oma. Aufmerksam schaute sich Tina die Hagelkörner hinter der Fensterscheibe an.

Diese hier waren viel kleiner.
Höchstens so groß wie eine Erbse.

Tina wartete.
Vielleicht würden sie ja auch noch dicker werden.
Aber heute wartete sie vergeblich.
Es hörte kurze Zeit später auf zu hageln.

Das wandernde Ei

Folgende Instrumente können in dieser Geschichte eingesetzt werden:

	*Holzblocktrommel*		*Triangel*
	*Klanghölzer*	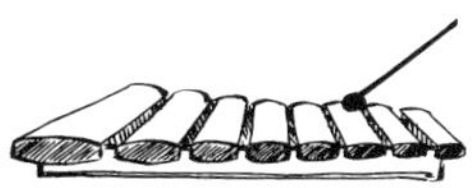	*Xylophon*
	*Schellenkranz*		*Schellenring*
	*Kastagnetten*		

Birgit kauft ihre Eier immer direkt beim Bauern Hannes auf seinem großen Hof. Die kleine Vanessa ist stets mit dabei, weil sie Bauernhöfe unglaublich interessant findet. Bauer Hannes hat viele Tiere.

bellen

Hier gibt es zwei Hunde, die immer bellen,

brrr …

wenn man mit dem Auto auf den Hof fährt.

grunzen, miauen, wiehern, schnattern, gackern

Dann hat Bauer Hannes noch Schweine, Katzen, Pferde, Gänse und natürlich die Hühner, von denen Birgit und Vanessa ihre Eier bekommen.

20 ×

gegeneinander reiben

Heute nehmen sie gleich zwanzig Eier mit nach Hause, denn in vier Tagen ist Ostern.
Zu Hause wollen Birgit und Vanessa ihre Eier auch gleich bemalen.

Birgit nimmt die Eier aus dem Karton und legt sie in einen Topf,

gegeneinander reiben

denn bevor sie die Eier bemalen können, müssen sie erst einmal auf dem Herd hart gekocht werden.

20 ×

Zwanzig Eier tanzen nun in dem blubbernden Wasser.

Doch was passiert da? Plötzlich hüpft ein kleines braunes Ei

direkt aus dem Topf auf den Boden.

gegeneinander reiben

Birgit und Vanessa, die schon den Küchentisch zum Bemalen der Eier fertig machen, bemerken es nicht.

Das braune Ei hat vom Aufprall auf den Boden einen kleinen Riß bekommen,
aber ansonsten ist es heil geblieben.

Es rollt die Küche entlang, über den weichen Teppich im Wohnzimmer bis unter die Heizung.

Hier ist es angenehm warm. Das Ei bleibt liegen.

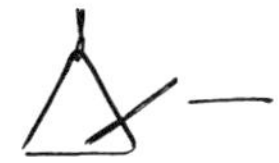

Zu Ostern darf Vanessa viele Ostereier suchen. Als sie sich der Heizung im Wohnzimmer nähert, wundert sie sich. Ein leises Piepsen ist zu hören.
Sie geht dem Piepsen nach, und was glaubt ihr wohl, wird sie finden?

piepsen

Richtig! Ein kleines gelbes Küken sitzt neben seiner braunen zerbrochenen Eischale. Vanessa ist begeistert. Das ist wirklich eine ganz besondere Osterüberraschung.

Die Klanggeschichte beinhaltet einige fantastische Elemente , daher sollte zuvor oder danach die sachliche Ebene bezüglich „Hahn, Henne, Ei und Küken" mit den Kindern besprochen werden.

Bastelanregung „Küken und Ei":
Man benötigt dafür: halbe Eierschale, eine Styroporkugel, die gut in die Schale hineinpasst, oranges Tonpapier, Kunstgras oder etwas Heu, gelbe Fingerfarbe.
Das Kunstgras bzw. Heu wird in die halbe Eierschale geklebt. Die Styroporkugel gelb anmalen und ebenfalls in die Eierschale kleben. Dann aus Tonpapier einen Schnabel schneiden und ihn an der gelben Styroporkugel befestigen. Die Augen des Kükens können mit schwarzem Stift aufgemalt werden.

Angst gehabt

Folgende Instrumente können in dieser Geschichte eingesetzt werden:

 *Holzblocktrommel*

 *Klanghölzer*

 *Reco Guiro*

 *Pauken*

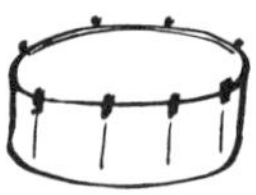 *Handtrommel*

 *Fingercymbeln*

Ich ging von meiner besten Freundin Nicole alleine nach Hause. Wir wohnten in der selben Straße. Nur wenige Häuser lagen zwischen ihrem und unserem Wohnhaus. Es war sechs Uhr abends und schon sehr dunkel.

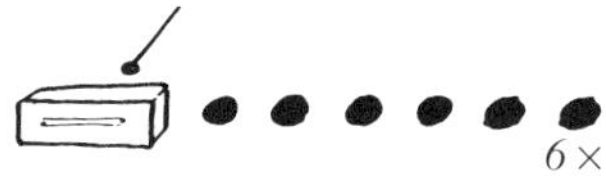

Der Wind pfiff leise. Ich zog den Reißverschluss meiner Jacke fest zu.

Noch immer war die Straßenlaterne nicht repariert worden.
Alles war still. Alles. Doch plötzlich was war das?
Von irgendwoher hörte ich ein leises Jammern.
Erst einmal kurz und dann dreimal hintereinader länger.

Aber nicht nur das Jammern ließ mich aufschrecken. Da waren Schritte hinter mir.

Jetzt musste ich nur noch um die nächste Ecke, dann konnte ich unser Haus schon sehen. Die Schritte wurden schneller.

Mutig ging ich weiter. Auch ich beschleunigte meinen Gang.

Das waren große, schwere Schritte hinter mir, und sie kamen immer näher. Gleich hatten sie mich eingeholt.

Ich zuckte zusammen, denn auf einmal legte sich eine Hand von hinten auf meine Schulter. Und eine tiefe Stimme sagte: „Hallo Sabrina, willst du nicht auf mich warten?“

Und dann erkannte ich ihn, unseren Nachbarn, Herr Bierbaum. Erleichtert nickte ich.
Herr Bierbaum fragte: „Hast du die Katzen auch jammern hören?“ „Ja“, erwiderte ich. „Das hat mir ein bisschen Angst gemacht.“ Herr Bierbaum lachte und sagte: „Wie schön, dass wir das letzte Stück nun noch gemeinsam gehen können.“ „Ja“, sagte ich und lachte auch.

Angst zu haben ist nicht schwer

2. Schatten wandern hin und her,
fürchte mich allein so sehr.
Plötzlich kamst du in mein Zimmer rein,
spürtest wohl von meiner Angst allein.
Du berührst mich sanft und lachst mir zu,
da verschwindet meine Angst im Nu.
Und dann schlaf ich wieder ein,
jetzt bin ich nicht mehr allein.

Vollmond

Folgende Instrumente können in dieser Geschichte eingesetzt werden:

Großes Becken

Schellenkranz

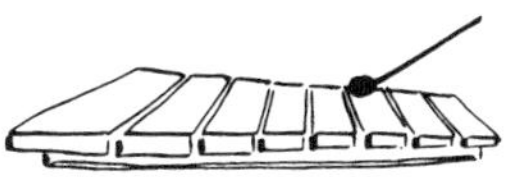

Metallophon

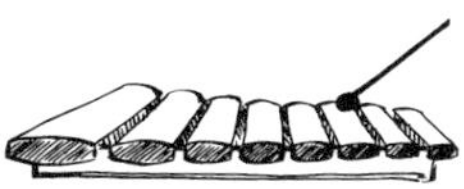

Xylophon

Triangel

Kastagnetten

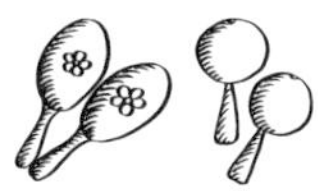

Maracas

Bongos

Gestern war Vollmond.

Ich habe mit meinem Vater einen langen Spaziergang gemacht. Schön war das.

Der Mond hat richtig hell geschienen.
Wir konnten trotz der Nacht alles um uns herum erkennen, die Häuser, die Autos, Bäume und Sträucher, ja einfach alles, sogar eine vorbeihuschende schwarze Katze.

Mein Vater hat mir erzählt, dass er als kleiner Junge oft mit dem Mond gesprochen hat. Er hat dann aus dem Fenster geschaut und dem Mond viele Dinge erzählt.

Der Vollmond hat sogar ein richtiges Gesicht.

Mein Papa hat es mir gestern gezeigt. Ich konnte es ganz deutlich erkennen, Augen, Nase und Mund.

Ich wollte natürlich wissen, was mein Vater dem Mond so alles erzählt hat.

„Einmal“, berichtete Papa, „da war ich furchtbar wütend.

Mein Bruder Tobi hatte meinem Lieblingsteddy ein Ohr abgerissen.

Damit das Ohr nicht wieder angenäht werden konnte, hat Tobi es sogar in die Toilette geworfen

und abgezogen.

Ich habe schrecklich geweint.

huhu …

Und abends habe ich es dann meinem Freund, dem Mond erzählt.“
„Was hat er dir geantwortet?“ fragte ich meinen Vater. „Tja“, sagte er, „eigentlich hat der Mond mehr zugehört, wenn ich ihm etwas erzählt habe. Aber das hat auch gut getan.
Und ich glaube, er hat für mich immer besonders hell geschienen,

so dass ich in manchen Vollmondnächten heimlich noch in meinem Zimmer spielen konnte.

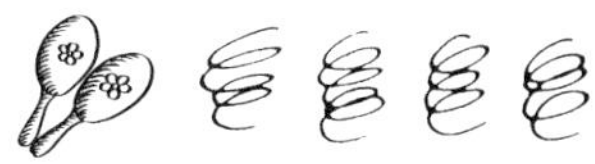

Das Licht des Mondes hat den ganzen Raum ausgeleuchtet.“

Ja, das war gestern schon ein besonderer Spaziergang. Auch heute strahlt der runde Mond zu uns herunter.

Gerade stehe ich am Fenster und schaue in den Himmel.

glissando

Ich frage mich, ob der Mond wohl auch mein Freund werden kann?

Der freche Bärenfuß

Folgende Instrumente können in dieser Geschichte eingesetzt werden:

 *Schellenring*

 *Schellenkranz*

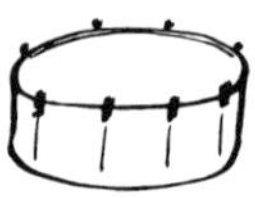 *Handtrommel*

 *Großes Becken*

 *Cabasa*

 *Pauken*

 *Flötenkopf*

 *Holzblocktrommel*

 *Kastagnetten*

Bärenmutter Bea und ihr kleiner Sohn Bob machten gerade die Höhle für den langen Bärenwinterschlaf fertig.
Bob, der kleine Bär, hatte mit seiner Mutter darüber gesprochen, dass alle Bären in den Wintermonaten etwas länger als für gewöhnlich schlafen. Es ist für Bären im Winter nämlich zu kalt. Sie können dann keine Nahrung finden.

Bob machte es sich gerade in seinem Moosbett bequem,

als sein rechter Fuß fürchterlich anfing
zu trommeln und zu schimpfen.

„Ich will noch nicht schlafen, ich bin nicht müde, ich will draußen im Wald spielen." „Im nächsten Frühling ganz bestimmt", antwortete der kleine Bär seinem rechten Fuß schläfrig. Dann hörte man Bob leise schnarchen.

Der kleine Bärenfuß wollte aber einfach nicht einschlafen. Schließlich hüpfte er allein nach draußen.

Hier war es sehr kalt. Der Fuß schüttelte sich erst einmal.

Dann marschierte er los. Er wollte ein wenig den Wald erforschen.

Fröhlich pfiff er ein Lied vor sich hin.

Doch auf einmal hörte er jemanden rufen: „Pass doch auf, wo du hintrittst!" Ein kleiner Regenwurm schaute den Bärenfuß wütend an. „Entschuldigung", sagte der Fuß, „ich habe dich leider nicht gesehen." „Ja ja", sagte der Regenwurm, „nur weil man klein ist, wird man ständig übersehen."

Dann verkroch er sich wieder in der Erde.

Der rechte Bärenfuß marschierte weiter.

Von der kurzen Strecke, die er gegangen war, war er schon sehr erschöpft.
Ihm fehlte einfach sein Partnerfuß. Wisst ihr, wer das sein könnte? Natürlich, der kleine linke Bärenfuß.

Der freche rechte Bärenfuß entschied sich, eine Pause zu machen.
Auf einem alten Baumstamm wollte er sich kurz ausruhen. Doch sehr schnell war der Fuß eingeschlafen.

Als er später wieder aufwachte, war es schon dunkel geworden.

Der Bärenfuß fürchtete sich so allein im finsteren Wald.

Jetzt war ihm auch schrecklich kalt.

Von überall her kamen gespenstische Geräusche. „Wäre ich doch nur bei meinem kleinen Herrn in der warmen Bärenhöhle geblieben“, dachte sich der Bärenfuß. Nun war es zu spät, der kleine rechte Bärenfuß fing bitterlich an zu weinen.

Da plötzlich hörte er eine feine helle Stimme: „Weine nicht mehr, Bärenfuß, der Weg zur Höhle ist gar nicht weit. Wenn du willst, bringe ich dich hin, sobald es hell geworden ist.“
„Wer bist du?“, fragte der Bärenfuß verwundert. „Ich bin Haschi, der freundliche Hase“, erklärte Haschi dem Fuß.
Nun hatte der freche rechte Bärenfuß keine Angst mehr. Aber eines wusste er genau. Nie wieder wollte er ohne seinen Partnerfuß und den kleinen Bären in den Wald gehen.

Weinerei

Folgende Instrumente können in dieser Geschichte eingesetzt werden:

 *Bongos*

 *Klanghölzer*

 *Großes Becken*

 *Glockenspiel*

 *Fingercymbeln*

 *Schellenkranz*

 *Holzblocktrommel*

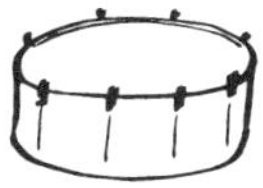 *Handtrommel*

ein Kind weint

Wisst ihr, manchmal wenn ich traurig oder wütend bin, dann muss ich weinen.

Papa sagt immer, große Jungen weinen nicht. Zum Glück bin ich noch nicht groß. Denn oft fühle ich mich nach dem Weinen schon viel besser.

drei Kinder weinen

Doch heute, da war etwas los, das könnt ihr euch nicht vorstellen. Ich habe eine richtige Weinerei ausgelöst.

Ich war traurig und wütend zugleich.

Der Paul hatte an meinem neuen Polizeiauto die Sirene kaputtgemacht.

Der rote Knopf war eingedrückt,

doch die Sirene war nicht zu hören. Es kam kein Ton.

usw.

Immer wieder drückte ich den roten Knopf raus und rein, doch es blieb still.

glissando

Irgendwann konnte ich die Tränen dann nicht mehr zurückhalten. Sie liefen mir die Wangen runter.

Eine Erzieherin kam zu mir und nahm mich in den Arm.

huhu …

Sie hat mit Paul geschimpft, da fing auch Paul an zu weinen.

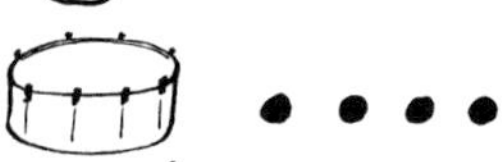

Carolin kam angelaufen.

Ich glaube, sie wollte einfach nur schauen, wer da heulte.
Sie stolperte über das Polizeiauto auf dem Boden

und fiel hin.

Da weinte auch sie.

huhu …

Unsere Erzieherin wusste gar nicht, wen sie zuerst trösten sollte.
Einige der anderen Kinder hielten sich die Ohren zu. Das Geheule war ihnen wohl zu laut.

drei Kinder weinen

Irgendwann, ich weiß auch nicht, wie lange wir alle geheult haben, war es dann vorbei.
Paul hat sich bei mir entschuldigt. Die Erzieherin hat es dann sogar geschafft, dass die Sirene an meinem Polizeiauto wieder geht.

tatü, tata …

Carolin bekam ein Pflaster auf ihr offenes Knie. Sie hat es stolz allen anderen in der Gruppe gezeigt.

In dieser Klanggeschichte wird eine ganz alltägliche Gruppensituation beschrieben. Ähnliche Vorkommnisse können im anschließenden Gespräch aufgegriffen werden und z.B. in die Klanggeschichte münden.
In der Geschichte wird außerdem ein Thema behandelt, das Kinder häufig beschäftigt: „Warum muss ich eigentlich weinen?"
Nachdem die Geschichte verklanglicht wurde, kann man gemeinsam mit den Kindern überlegen, wann sie selbst schon einmal geweint haben und auch warum.
Die Kinder könnten eine Situation, in der sie geweint haben, malen oder sie in einem Rollenspiel darstellen.

Komm, lieber Baum, erzähl mir was

Folgende Instrumente können in dieser Geschichte eingesetzt werden:

 *Holzblocktrommel*

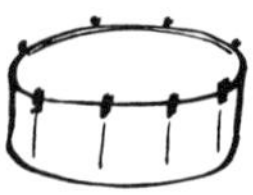 *Handtrommel*

 *Triangel*

 *Ratsche*

 *Glockenspiel*

 *Kastagnetten*

 *Klanghölzer*

 *Großes Becken*

 *Schellenring*

Habt ihr schon mal davon gehört, dass Bäume sprechen können? Nein, also ich auch nicht. Aber der kleine Simon glaubt ganz fest daran. Sein Opa hat ihm gesagt, dass jeder Baum Geschichten erzählen kann.

Gemeinsam geht Simon mit Opa Hannes in den Kurpark.

Hier will Opa Hannes Simon einen alten Baum zeigen. Ob dieser Baum wirklich eine Geschichte zu erzählen weiß? Simon ist gespannt.

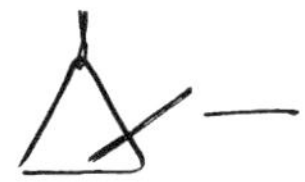

Ihr Weg führt über eine alte knarrende Holzbrücke zur anderen Uferseite des Ententeichs.

Viele Enten und Schwäne schwimmen auf dem Teich.

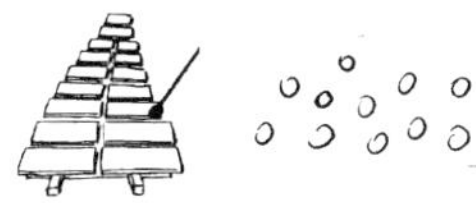

Ihr Geschnatter ist schon von Weitem zu hören.

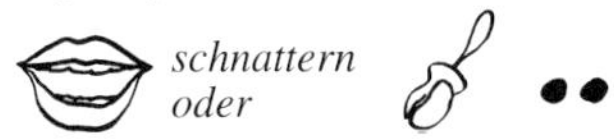

„Nur noch ein Stück auf dem Weg entlang, dann können wir den Baum schon sehen", sagt Opa. Fröhlich und schon ein bisschen aufgeregt schießt Simon einen kleinen Stein vor sich her.

Beim dritten Schuss springt der Stein zur Seite und landet im Ententeich.

Opa lacht, dann zeigt er mit dem Finger auf eine Wiese. In der Mitte steht ein prächtiger alter Kastanienbaum.

Jetzt ist Simon nicht mehr zu bremsen. Er läuft los und macht unter dem dichten Blätterdach der Kastanie Halt.

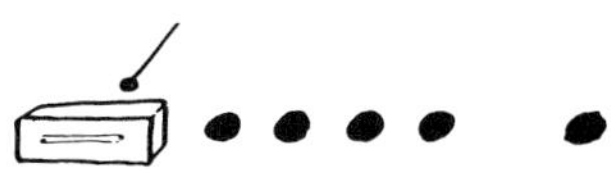

Opa kommt ihm etwas langsamer nach.

„Bis jetzt hat der Baum noch gar nichts gesagt“, ruft Simon dem Opa schon entgegen. Der Opa schmunzelt und erwidert: „Vielleicht hast du nur noch nicht richtig zugehört.“

Gemeinsam setzten sie sich unter die Blätterkrone der Kastanie.

„Am besten versteht man den Baum, wenn man seine Augen schließt“, erklärt der Opa. Simon macht die Augen ganz fest zu. „Und jetzt“, sagt der Opa, „musst du eine Zeit lang lauschen, ganz leise, und du wirst hören, was dir der Baum zu sagen hat“. Und Simon lauscht.

Die Erzieherin erarbeitet gemeinsam mit den Kindern, was der Baum Simon erzählen könnte. Sie kann mit den Kindern nach draußen gehen, um mit ihnen einem Baum zuzuhören. Was kann man hören?
Möglicherweise kommen von den Kindern Äußerungen wie z.B. Vogelgezwitscher, der Wind in den Blättern, Bienen summen usw. Die Geschichte lässt sich anhand der Vorschläge der Kinder weiter fortführen und verklanglichen. Dabei kann man gemeinsam mit ihnen überlegen, welche Instrumente sich für welche Geräusche besonders gut eignen.

Der Traum vom Fußballtor

Folgende Instrumente können in dieser Geschichte eingesetzt werden:

 	*Regenmacher oder Cabasa*		*Schellenkranz*
 	*Ratsche oder Kastagnetten*		*Schellenring*
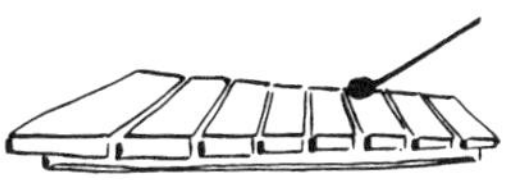	*Metallophon*		*Triangel*
	*Großes Becken*		*Flötenkopf*

Nicks Mutter öffnet vorsichtig die knarrende Tür zu seinem Zimmer, um zu sehen, ob Nick schon schläft.

Ein zufriedenes, leises Schnarchen ist zu hören.

Nick ist an diesem Abend lange aufgeblieben. Er durfte sich noch das Fußballspiel seiner Lieblingsmannschaft im Fernsehen anschauen. Nick träumt davon, bald selber ein großer Fußballstar zu werden.

In seinem Traum schießt er den Ball hoch über das Fußballstadion hinaus.

Mit einem Rauschen fliegt der Lederball über die Zuschauer hinweg, die schnell

ihre Köpfe einziehen, um nicht getroffen zu werden.

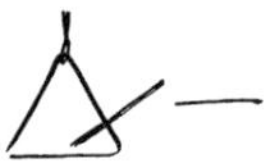

Weiter geht der Flug des Balles über die Kirchturmuhr im Dorf, die gerade eins schlägt,

über einen kleinen Wald, dessen Laub im Wind raschelt,

über die grasenden Kühe auf einer Weide und endlich zurück zum Fußballstadion.

Erneut ziehen die Zuschauer ihr Köpfe ein,

über die der Lederball geradewegs ins Tor fliegt.

Lautes Klatschen, Pfeifen und Rufen der Zuschauer ist zu hören

und kurze Zeit später wieder das zufriedene, leise Schnarchen von Nick.

Eine Nacht im Zelt

Folgende Instrumente können in dieser Geschichte eingesetzt werden:

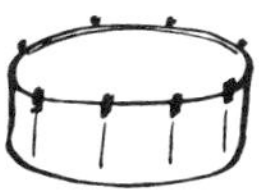 *Handtrommel*

 *Schellenkranz*

 *Pauken*

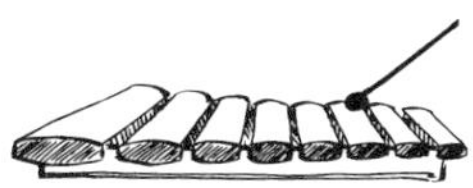 *Xylophon*

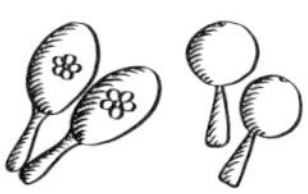 *Maracas*

 *Fingercymbeln*

 *Klanghölzer*

 *Glockenspiel*

 *Schellenring*

Dirk darf zum ersten Mal mit seinen Bruder Jens in dem neuen Zelt schlafen. Alles ist schon vorbereitet. Das Zelt haben die Zwei heute Morgen im Garten aufgebaut. Die nötigen Dinge für die Nacht wurden bereits ins Zelt geschafft. „Hoffentlich wird es bald dunkel“, ruft Jens seinem Bruder zu, „dann können wir die Taschenlampen anknipsen.“

Nach dem Abendessen verabschieden sie sich von ihren Eltern und laufen hinaus in den Garten.

Vor dem Zelt spielen sie noch eine Runde Fußball, bis es dämmert.

Dann krabbeln sie ins Zelt.

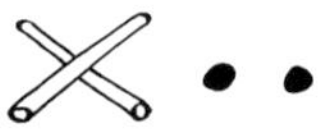

Die Taschenlampen werden angeknipst.

3 ×

Jens, der Ältere, hat schon dreimal im Zelt geschlafen.

Er kuschelt sich sofort in seinen Schlafsack, so dass er es so richtig gemütlich hat.

Dirk will sich noch nicht hinlegen.
Er öffnet erst einmal die Tüte mit den Süßigkeiten.

Während sie die Leckereien naschen, spielen sie zwei Runden „Mensch ärgere dich nicht“.

Danach blättern sie noch in einer Zeitschrift und erzählen sich einige Witze.

gähnen

Mittlerweile ist es schon sehr spät geworden.
Jens gähnt schon zum fünften Mal.

Während Dirk noch Witze erzählt, hat Jens seine Taschenlampe ausgeschaltet.

Nach kurzer Zeit hört man Jens leise und regelmäßig atmen. Er ist eingeschlafen.

Dirk kuschelt sich nun auch in seinen Schlafsack.

Er ist noch gar nicht müde. Alles ist auf einmal still. Von weiter Ferne hört man die Autobahn.

Es scheinen noch viele Fahrzeuge unterwegs zu sein.

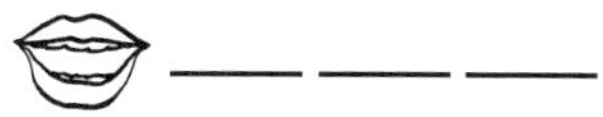

Dirk liegt lange so im Stillen, da fällt ihm ein: „Wer hat überhaupt das Gartentor abgeschlossen? Wenn es nicht abgeschlossen ist, dann kann jeder einfach in den Garten kommen.“ Er musste nachsehen. Aber ganz alleine wollte er nicht gehen.

Dirk rüttelt an seinem Bruder,

bis der endlich verschlafen fragt: „Was ist denn?“ „Das Gartentor!“, sagt Dirk. „Habe ich abgeschlossen, du Angsthase“, erwidert Jens und dreht sich auf die andere Seite. „Angsthase“, denkt sich Dirk, „ich bin kein Angsthase, ich wollte doch nur sicher gehen.“

Wieder liegt er eine Weile still unter seinem Schlafsack. Er wird einfach nicht müde. Und dann hat er auch noch das Gefühl, als müsse er ganz dringend auf die Toilette.

Er liegt noch kurze Zeit regungslos da, bis er es nicht mehr aushält. Schnell zieht er sich an und schlüpft aus dem Zelt.

Ganz schön finster ist es hier draußen. Blitzschnell rennt er zur Terassentür und öffnet sie.

Papa hatte ihm die Schlüssel gegeben. Für alle Fälle. Jetzt ist so ein Fall. Er stürmt die Treppe hinauf zum Badezimmer.

Das ist gerade noch einmal gut gegangen. Auf dem Rückweg geht er noch kurz an seinem Kinderzimmer vorbei. Hier ist alles so friedlich. Sein Teddybär liegt neben seinem Kopfkissen. Dirk wird plötzlich ganz furchtbar müde. Nur kurz will er sich auf sein Bett legen. Aber bald darauf ist er schon fest eingeschlafen.

sch sch …

Der Maulwurf
Herr Grabekralle

Folgende Instrumente können in dieser Geschichte eingesetzt werden:

Triangel

Pauken

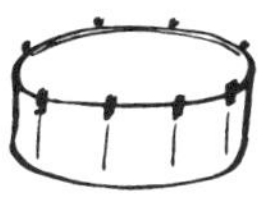

Handtrommel

Bongos

Holzblocktrommel

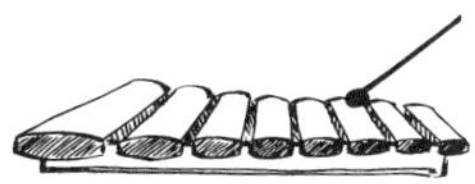

Xylophon

Schellenring

Schellenkranz

In unserem Garten lebt ein Maulwurf. Wir nennen ihn Herr Grabekralle. Keiner hat ihn bisher gesehen. Trotzdem wissen wir genau, dass er da ist.

Heute morgen sind es schon sechs Maulwurfshügel.

Wütend sieht mein Vater aus dem Fenster.
„Ich werde es diesem Maulwurf schon zeigen", sagt er, „meinen schönen Garten so zu verunstalten!"

Mit dem Spaten geht Papa nach draußen.

Kräftig haut er alle Maulwurfhügel wieder platt.

Mein Freund Tommy und ich fanden die Hügel eigentlich ganz gut. Man kann richtig toll Slalom laufen

oder über die Hügel hüpfen, mal im Pferdegalopp und mal mit geschlossenen Beinen.

Papa regt sich dann immer noch mehr auf.

Jetzt hatte er ja gerade alle Hügel wieder
platt gehauen. Aber genützt hat es ihm auch diesmal nichts.

Denn Herr Grabekralle ist sehr fleißig. Er hat noch in derselben Nacht alle Hügel wieder aufgebaut und sogar noch zwei dazugemacht.

Papa hat es endgültig satt. Er kauft Gift und streut es in die Hügel.

Ich werde schon etwas trauig, denn auch wenn ich Herrn Grabekralle noch nie gesehen habe, mag ich ihn.

Ich hoffe, dass Herr Grabekralle das Gift niemals fressen wird.

Doch am nächsten Tag ist kein Maulwurfshügel mehr dazugekommen. Papa freut sich. „Mein Gift hat gewirkt“, verkündet er stolz.

Aber da hatte er sich dann doch getäuscht. Herr Grabekralle hatte wohl eine längere Pause eingelegt. In der dritten Nacht hat er dann schließlich noch viele neue Hügel aufgeworfen.

Und weil ich so froh bin, dass Herrn Grabekralle nichts passiert ist, habe ich ihm ein Schild gemacht.
Darauf steht:

Hier lebt Herr Grabekralle.
Er ist ein Freund der Familie
und wer ihm etwas tun will,
bekommt es mit mir zu tun.

Karl Klammer

Einen Maulwurf bekommen Kinder nur selten zu sehen. Die Klanggeschichte kann den Einstieg dafür bilden, sich näher mit diesem Tier zu beschäftigen. Sachbilderbücher sowie Bildgeschichten helfen dabei, der Lebenswelt des Maulwurfs auf die Spur zu kommen.

Streitschlichtgeschicht

Folgende Instrumente können in dieser Geschichte eingesetzt werden:

Pauken

Triangel

Schellenkranz

Handtrommel

Bongos

Holzblocktrommel

Kastagnetten

Klanghölzer

Habt Ihr euch eigentlich schon einmal so richtig gestritten? Ja, bestimmt habt Ihr das! Mit dem Bruder, der Schwester, dem Freund, der Freundin oder auch mit euren Eltern. Ein Streit ist etwas ganz Normales. Und ich glaube, niemand kann sagen, er habe sich noch nie gestritten. Wichtig ist nur, dass man bei einer Auseinandersetzung den anderen nie wirklich verletzt. Wenn ihr aber wissen wollt, wie ihr die Wut im Bauch vor einem Streit schneller wieder los werdet, dann hört zu und macht kräftig mit.

Wieder einmal habe ich eine schreckliche Wut im Bauch.

Alles in meinem Körper zittert und bebt.

Ich drücke meine Fäuste fest zusammen.

Mein Kopf läuft rot an vor Zorn.

Gleich werde ich die schlimmen Worte zu dir sagen und der Streit wird beginnen. Doch halt, bevor ich dir mit diesen bösen Worten wehtue, will ich lieber die Wut im Bauch ganz schnell wieder loswerden. Ich muss schreien, einmal ganz laut.

Puh, das hat schon einmal gut getan.
Aber die Wut im Bauch ist immer noch da.

Ich muss mit den Füßen trampeln, einmal ganz fest.

Puh, das hat auch gut getan. Die Wut ist schon kleiner geworden, aber sie ist immer noch da.

Ich muss mir auf die Oberschenkel patschen, einmal ganz schnell hintereinander.

Puh, das hat nun wirklich gut getan. Die Wut ist nun winzig klein geworden.

Jetzt muss ich nur noch ganz fest in die Hände klatschen.

Ja, endlich ist die Wut fast weg.

Und als ich zum Schluss noch mit der Zunge schnalze, ist sie endgültig verschwunden.

hahaha …

Ich bin ganz ruhig geworden. Und plötzlich muss ich furchtbar lachen.

Ich weiß schon gar nicht mehr, warum ich eigentlich so zornig war. Und streiten brauche ich mich nun nicht mehr mit dir.

Streiten ist tatsächlich etwas ganz Normales. Gerade auch unter Kindern sind Auseinandersetzungen an der Tagesordnung. Zum einen sind diese Streitigkeiten wichtig. Kinder lernen, für eigene Dinge einzustehen.
Und sie lernen dabei auch, sich nach einer Auseinandersetzung wieder zu vertragen.
Allerdings sind nicht alle Streitigkeiten bedeutsam. Vor allem dann nicht, wenn Kinder schnell dazu bereit sind, die Auseinandersetzung mit Gewalt zu klären.
In diesem Fall wäre die *Streitschlichtgeschicht* angebracht. Sie versucht mit Hilfe des natürlichen Bewegungsdrangs der Kinder sowie der Freude am Musikmachen, den aufkommenden Streit abzuwenden.
Wichtig bei der Durchführung dieser Geschichte ist es, für alle Bewegungen und die musikalischen Begleitungen genügend Zeit zu lassen!

Urlaub an der Nordseeküste

Folgende Instrumente können in dieser Geschichte eingesetzt werden:

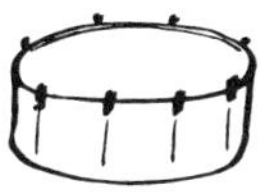

Handtrommel

Holzblocktrommel

Triangel

Schellenring

Schellenkranz

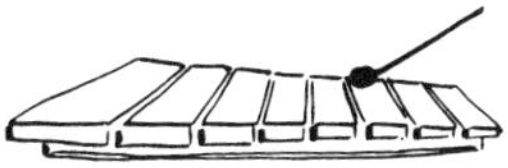

Metallophon

Xylophon

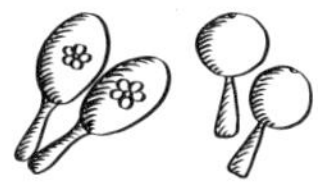

Maracas

Kastagnetten

Großes Becken

Bongos

Bald fahren wir an die Nordsee. Auf eine Insel, die heißt Sylt. Bis wir dort sind, müssen wir allerdings drei langweilige Stunden Auto fahren.

Später geht es dann weiter mit der Autofähre, einem großen Schiff, über das Meer zur Insel.

Oft versuche ich mich an den letzten Urlaub dort zu erinnern. Wir hatten alle tolle Ferien, doch nur ich habe einen ganz besonderen Freund gefunden.

Ich möchte euch von ihm erzählen, denn ich werde ihn bestimmt im nächsten Urlaub wieder sehen. Wir haben uns zumindest fest verabredet.

Immer wenn wir an den Strand gegangen sind, waren dort noch andere Familien und viele Kinder, mit denen meine Schwester und ich dann gespielt haben.

Es wehte sehr häufig ein starker Wind,

der die Wellen hochschlagen ließ.

Mit einem kräftigen Rauschen liefen sie am Strand ein.

Als meine Mutter ihre Füße zum ersten Mal mit Meerwasser überfluten ließ, schrie sie laut auf.

Mama hat sich immer schrecklich angestellt und fand das Wasser furchtbar kalt.

Weil Mami auch im Strandkorb noch gefroren hat, mussten meine Schwester und ich ständig trockene Sachen anziehen.

Wir sollten uns nicht erkälten. Dabei war uns nie kalt.
Wir haben viele tolle Sandburgen gebaut. Meine waren natürlich immer die Schönsten, aber auch einige von meiner Schwester Sarah. Außerdem haben wir viele große und kleine Muscheln gesammelt.

Wisst ihr übrigens, wenn man sich die großen Muscheln dicht an das Ohr hält, kann man das Meerwasser rauschen hören.

Dann habe ich mir am dritten Urlaubstag den Fuß an einer zerbrochenen Muschel geschnitten.

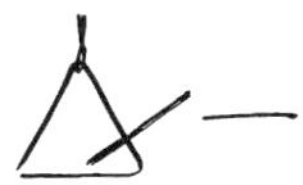

Es hat furchtbar geblutet und wir mussten ein dickes Pflaster darauf kleben.

Trotzdem hat der Fuß beim Laufen erst ziemlich weh getan, und ich musste einen Tag im Strandkorb verbringen.

Hier habe ich meinen Freund dann kennen gelernt. Ich habe ihm den Namen Fridolin gegeben.
Er hat einen weißen Körper, einen kleinen schwarzen Kopf, graue Flügel und zwei orangefarbene dünne Beinchen.
Zunächst näherte er sich dem Strandkorb nur zögerlich.

Sein Kopf bewegte sich jedoch hektisch hin und her.

Da ich gerade ein Brot aß, habe ich ihm ein Stück zugeworfen.

Er pickte sofort danach und flog mit dem Brotkrümel davon.

„Schade“, dachte ich zunächst und wollte mich schon wieder zurücklehnen. Doch dann sah ich ihn wieder.
Diesmal tippelte er schon schneller.

Er kam sehr nah an den Strandkorb heran. Ich bewegte mich kaum, hielt sogar den Atem an, um ihn nicht zu verscheuchen.

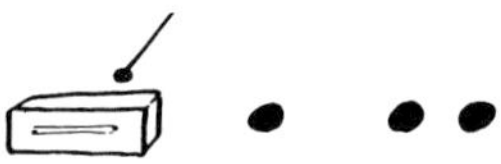

Erneut warf ich ihm einen Brotkrümel zu und danach noch zwei Weitere.

Jedes Mal pickte er sofort danach.

Schon früh am nächsten Morgen war ich wieder am Strandkorb. Ich brauchte nicht lange auf Fridolin zu warten.

glissando

Diesmal setzte er sich sogar
auf die Lehne des Strandkorbes.

Ich fand ihn wunderschön.
Papa schimpfte immer auf die Möwen am Strand, denn letztes Jahr hat ihm eine Möwe auf den Kopf gemacht.

hahaha …

Meine Schwester und ich haben furchtbar gelacht,

doch Papa war ziemlich sauer.

Fridolin besuchte mich für den Rest des Urlaubs jeden Tag und immer bekam er ein Stück Brot von mir.

glissando

Zum Abschied versprach ich ihm, im nächsten Jahr wiederzukommen. Ob Fridolin schon auf mich wartet?

Der Zahnarztbesuch

Folgende Instrumente können in dieser Geschichte eingesetzt werden:

Schellenkranz

Triangel

Schellenring

Großes Becken

Handtrommel

Klanghölzer

Pauken

Fingercymbeln

Holzblocktrommel

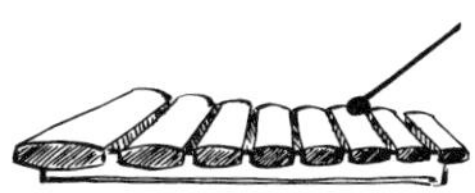
Xylophon

Jan sitzt zusammengekauert im Wartezimmer von Zahnarzt Dr. Bach. Mama hatte gesagt, Dr. Bach sei der beste Zahnarzt für Kinder weit und breit. Aber das hatte sie auch schon bei den zwei anderen Zahnärzten gesagt, bei denen es Jan gar nicht gefallen hat.
„Vielleicht ist es besser“, so denkt Jan, „wenn ich den Mund erst gar nicht aufmache.“ Allerdings hat Mami ihm versprochen, wenn er beim Zahnarzt lieb sei, habe er einen Wusch frei.

tatü, tata … *oder Sirene eines Spielzeugautos*

Und er wünscht sich doch schon so lange das rote Feuerwehrauto mit echter Sirene und weißem Feuerwehrschlauch.

Die Frau neben Jan im Wartezimmer scheint keine Angst zu haben, sie blättert vergnügt in einer Zeitschrift.

Oje, da geht die Tür auf.

Die Zahnarzthelferin kommt herein.

Sie sagt: „Komm Jan, du bist dran und kannst schon mal im zweiten Behandlungszimmer Platz nehmen.“

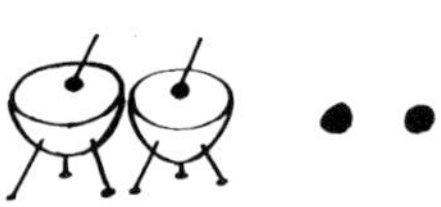

Jans Mutter nimmt Jan an die Hand. Jan drückt Mamas Hand ganz fest.

Auf einmal wird ihm furchtbar heiß und dann eisig kalt

husten

und er bekommt einen starken Hustenanfall.

„Ob Dr. Bach ihn überhaupt behandeln kann, wenn er so einen starken Husten hat?“, denkt Jan. Doch schon sitzt er auf dem großen Behandlungsstuhl.

Die Tür geht auf.

Ein Mann kommt herein.

„Hallo“, begrüßt er Jan, „ich bin Dr. Bach.“ Jan muss zugeben, dass ihm Dr. Bach, der ihm da so freundlich zulächelt, auf Anhieb ganz gut gefällt.

Dr. Bach setzt sich neben Jan auf einen Hocker.

Er erklärt Jan zunächst eine Menge Sachen, die es im Behandlungszimmer zu sehen gibt. Jan darf selber einige Knöpfe drücken.

Mit denen lässt er den Behandlungsstuhl hoch- und runterfahren,

Wasser in einen Plastikbecher laufen

und sogar den Bohrer einmal aufheulen. Jan ist begeistert.

In so einem Behandlungszimmer gibt es viele spannende Geräte und Instrumente.

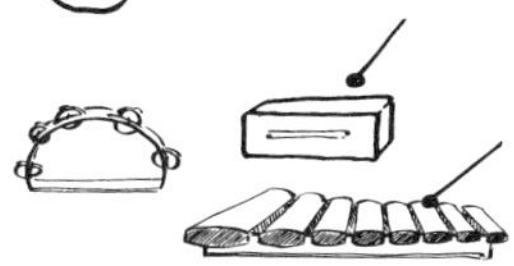

Jan muss nun den Mund aufmachen, damit Dr. Bach den Milchzahn ziehen kann, denn darunter kommt schon ein neuer Zahn. Wenn alle Milchzähne weg sind, so sagt Dr. Bach, dann ist Jan schon groß und fast ein richtiger Mann.

Das gefällt Jan, denn er wollte schon öfter mal groß sein wie sein Vater. Die Behandlung geht ganz schnell und selbst die Spritze hat gar nicht weh getan.

Jan spült den Mund mit Wasser aus.

Dr. Bach legt den gezogenen Milchzahn in ein Kästchen.

Zum Abschied gibt er ihn Jan und erklärt ihm, dass er einen Wunsch freihat, wenn er den Milchzahn für eine Nacht unter sein Kopfkissen legt. Und das macht Jan dann auch. Und was glaubt ihr wohl, hat er sich gewünscht? Natürlich das rote Feuerwehrauto.

tatü, tata … *oder Sirene eines Spielzeugautos*

Und das bekommt er dann auch, mit Sirene und weißem Feuerwehrschlauch.

Woher kommt eigentlich die Angst vieler Kinder vor dem Zahnarzt?
Entweder sie haben schon einmal schmerzhafte Erfahrungen gemacht oder aber sie übernehmen die Ängste ihrer Vorbilder (Eltern, Geschwister usw.).
Die Klanggeschichte soll helfen, diese Angst ein Stück weit zu überwinden.

Wie Roland und der letzte Ritter Freunde wurden

Folgende Instrumente können in dieser Geschichte eingesetzt werden:

	*Großes Becken*		*Handtrommel*
	*Schellenkranz*		*Triangel*
	*Cabasa*		*Fingercymbeln*
	*Holzblocktrommel*		*Kastagnetten*

Kunibert lebte auf Schloss Mühlenstein. Er war der letzte richtige Ritter und schon sehr alt. Kunibert hatte die Aufgabe, die Besuchergruppen des Schlosses zu erschrecken. Immer wenn Menschen kamen, um Schloss Mühlenstein zu besichtigen, gingen sie auch an Kunibert vorbei. Niemand rechnete damit, dass in der Ritterrüstung wirklich noch ein echter Ritter stecken könnte.

Sobald jemand sich Kunibert näherte, begann der Ritter, sich plötzlich zu bewegen und seine scheppernden Geräusche ließen die Leute jedes Mal aufschrecken.

Zumindest war das früher so. Da hatte Kunibert auch noch Freude an seiner Aufgabe gehabt.
Aber jetzt war seine Ritterrüstung schon so alt, dass sie überall Rost und Staub angesetzt hatte.

Es war sehr schwierig für Kunibert, sich darin überhaupt noch zu bewegen.

Außerdem waren die Leute auch nicht mehr so schreckhaft und ängstlich wie früher. So machten sie z. B. böse Scherze über Kunibert.

Nur die Kinder waren immer noch voller Begeisterung, wenn der letzte Ritter sich plötzlich bewegte.

Eines Tages war Kunibert besonders traurig. Eine Gruppe von Menschen war an ihm vorbeigegangen.

Kunibert, der an diesem Tag eigentlich fröhlich gestimmt war, gab sich alle Mühe, die Leute richtig zu erschrecken.

Aber der Einzige, der sich umdrehte, war ein junger Mann. Er lachte und sagte: „Du alte rostige Blechdose, du kannst niemandem mehr Angst machen.“
Kunibert dachte über diese Worte nach. Er wusste es ja selbst und konnte doch nichts daran ändern.

Der letzte Ritter fing nun zum ersten Mal an, richtig zu weinen.

Seine Blechtränen vielen mit Geschepper auf den kalten Fußboden des Schlosses.

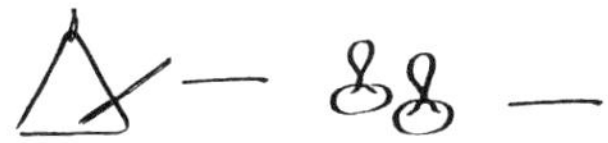

Der siebenjährige Roland, der schon zum dritten Mal das Schloss besuchte, hörte die scheppernden Geräusche.

Er kannte das Schloss mittlerweile so gut, dass er genau wusste, aus welcher Ecke die Geräusche stammen mussten.

Roland lief los.

Er kam zu Kunibert. Der letzte Ritter hörte sofort auf zu weinen, als er den Jungen sah, denn er wollte nicht, dass ein Kind ihn weinen sah.
Aber Roland hatte es längst bemerkt. „Mama sagt immer, man kann ruhig weinen, denn manchmal ist man dann hinterher nicht mehr ganz so traurig“, erklärte Roland dem letzten Ritter. Kunibert fand den kleinen Jungen sehr nett, und er begann Roland zu erzählen, weshalb er so traurig war.
„Weißt du“, sagte Roland, nachdem er Kuniberts Geschichte gehört hatte, „Erwachsene können manchmal ganz schön blöd sein. Aber es stimmt schon, dass deine Rüstung mal wieder einen neuen Putz gebrauchen könnte.“

Dann rannte Roland auch schon los.

Im Laufen rief er dem Ritter noch zu: „Ich komme später wieder, sei nicht mehr traurig, Kunibert!“
Und tatsächlich, nach zwei Stunden war Roland wieder da.

Er hatte einen Eimer, Lappen, Rostschutzmittel und Öl mitgebracht. Und während Roland Kunibert in seiner Rüstung putzte, erzählte Kunibert Roland von seinem früheren Leben, als er noch hoch zu Pferd auf Kreuzzüge gegangen war.

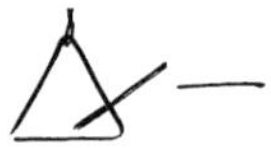

Als Roland den Putz beendet hatte, blitzte und blinkte der letzte Ritter vor Glanz.

So frisch geölt konnte er sich auch wieder richtig bewegen.

Die beiden wurden Freunde. Roland kam nun noch öfter ins Schloss um seinen Freund, den alten Ritter, zu besuchen, ihn zu putzen und spannende Geschichten von ihm zu hören, aus der Zeit, als er noch ein richtiger Ritter war.

Der letzte Ritter von Schloss Mühlenstein

2. Er ist der letzte Ritter von Schloss Mühlenstein,
und zieh'n die Leut' vorüber, dann macht der Ritter „buh",
es scheppern alle Glieder und wir, wir sing'n dazu.

Die Zeit

Folgende Instrumente können in dieser Geschichte eingesetzt werden:

 *Pauken*

 *Triangel*

 *Holzblocktrommel*

 *Maracas*

 *Schellenring*

 *Kastagnetten*

Überall in unserem Haus gibt es Uhren.
Im Wohnzimmer steht eine ganz Große. Papa sagt dazu Standuhr.

Jede volle Stunde schlägt sie. Wenn man die Gongschläge zählt, dann weiß man, wieviel Uhr es ist.
Gerade hat sie drei Uhr geschlagen.

In der Küche hängt eine Wanduhr. Ist es ganz leise, kann man sie ticken hören.

Mama und Papa werden morgens immer von ihrem Wecker wachgeklingelt.

Am Wochenende wecke ich dann meine Eltern, denn meistens bin ich früher wach als sie.

Meine Mutter hat auch noch drei Armbanduhren. Natürlich trägt sie sie nie alle auf einmal.

Papa hat nur eine.

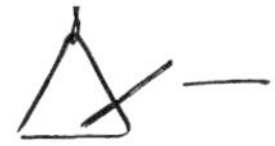

Bei meiner Oma hängt eine Kuckucksuhr. Die finde ich besonders schön. Hinter einem Kläppchen hat sich der Kuckuck versteckt. Zur vollen Stunde schaut er heraus und ruft – na was glaubt ihr wohl?

Manchmal wünschte ich mir allerdings, wir hätten gar keine Uhren. Dann könnten Mama, Papa und ich spielen, so lange wir wollten.

Wir müssten nicht unterbrechen, weil Papa zur Arbeit muss, Mama kochen will oder ich in den Kindergarten gehe oder aus sonst irgendwelchen Gründen.

Am letzten Wochenende haben wir einen uhrenfreien Tag gemacht.
Wir sind mit dem Rad losgefahren und erst dann zurückgekehrt, als wir keine Lust mehr hatten.

Gegessen haben wir lediglich, wenn wir Hunger hatten, und nicht wie sonst, weil es heißt „Essenszeit“.

Selbst Mami hatte keine ihrer drei Armbanduhren umgelegt.

Das war wirklich ein schöner uhrenfreier Tag. Ich hoffe, wir werden ihn bald wiederholen.

Ein Regentag voller Musik

Folgende Instrumente können in dieser Geschichte eingesetzt werden:

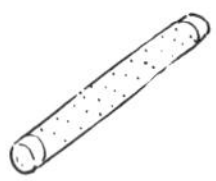

Regenmacher

Triangel

Kastagnetten

Schellenring

Flötenkopf

Großes Becken

Maracas oder Cabasa

Kochtopf mit Kochlöffel

Flaschen

Lutz, Nils, Hannah und der kleine Paul sitzen vorm Fenster und schauen in den Regen.

Seit drei Tagen regnet es ununterbrochen. Den vier Kindern ist langweilig. Gestern haben sie zunächst verstecken gespielt und dann aus einem alten Karton ein Haus gebaut, das sogar richtige Stoffgardinen bekommen hat. Aber was sollen sie bloß heute machen?

„Ich hab’s“, schreit plötzlich Hannah, so laut, dass dem kleinen Paul vor Schreck der Schnuller aus dem Mund fällt.

„Wir machen eine Band, mit richtig toller Musik.“ Alle sind einverstanden und die Instrumente wollen sie sich im Haus zusammensuchen. Denn auch ohne richtige Instrumente kann man ganz tolle Musik machen.

Gemeinsam gehen die Vier los.

In der Küche holen sie sich einen alten Topf und einen Kochlöffel.

Nils fällt ein, dass er in seinem Kinderzimmer noch eine Pfeife hat. Zusammen laufen sie die Treppe hoch ins Spielzimmer.

Nils kramt einige Zeit in einer braunen Kiste herum.

„Ich hab sie!“, ruft er auf einmal und hält stolz eine grüne Pfeife hoch. Er bläst hinein und ein lauter Pfeifton ist zu hören.

Da für gewöhnlich im Keller auch immer eine Menge alter Sachen aufbewahrt werden, gehen die Vier die Treppe bis ganz hinunter in den Keller.

Hier finden sie alte Blechdosen und einige leere Flaschen. Die Flaschen füllen sie unterschiedlich voll mit Wasser.

Lutz hat in eine der Blechdosen Schrauben hineingegeben. Er klebt den Deckel der Blechdose mit rotem Klebeband zu.

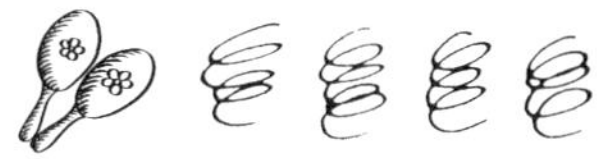

Zum Schluss holen sich die Vier noch einen weiteren Löffel aus der Küche, mit dem sie die Glasflaschen anschlagen wollen. Dann gehen sie mit den gesammelten Instrumenten ins Wohnzimmer.

Hannah bestimmt, wie sich alle hinzusetzen haben. Sie verteilt auch die Instrumente.
Paul bekommt den Topf mit dem Kochlöffel, Nils die grüne Pfeife, Lutz die Blechdosenrassel und sie selbst übernimmt die gefüllten Flaschen.
Außerdem bestimmt sie sich selbst auch noch als Sängerin.
Nils findet das unfair, er hätte auch viel lieber die Flaschen gespielt und er fände es schöner, wenn alle gemeinsam singen würden. „Natürlich tauschen wir die Instrumente zwischendurch“, beruhigt in Hannah, „und von mir aus können wir ja auch alle gemeinsam singen.“

Zunächst hört man die Instrumente nacheinander spielen. Nils mit seiner Pfeife gibt den Ton an,

dann kommt Paul mit der Kochtopftrommel,

Lutz mit der Blechdosenrassel

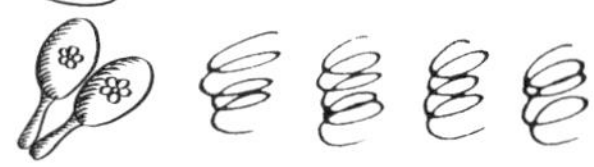

und zum Schluss Hannah mit den klingenden Glasflaschen.

Das machen sie ein paar Mal hintereinander. Schließlich glauben sie, dass es viel lauter und schöner klingt, wenn sie alle gleichzeitig ihre Instrumente anspielen. Und so machen sie es dann auch.

Viele der gelernten Kindergartenlieder werden gesungen und natürlich auch einige Lieder, die sie selbst erfinden.

So wurde der verregnete Nachmittag zu einem Regentag voller fantastischer Musik.

In dieser Geschichte wird deutlich gemacht, dass Kindern mit ihrer Fantasie immer eine Möglichkeit einfällt, mit einfachsten Materialien Dinge zu gestalten und zu erarbeiten.
So braucht man auch nicht unbedingt kostspielige und aufwendige Instrumente um mit Kindern Musik zu machen. Mit klingenden Alltagsgegenständen lassen sich auf einfache Weise wunderbare Töne zaubern.

Endlich Herbst

Folgende Instrumente können in dieser Geschichte eingesetzt werden:

 *Schellenkranz*

 *Klanghölzer*

 *Schellenring*

 *Pauken*

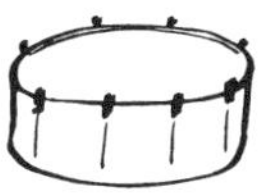 *Handtrommel*

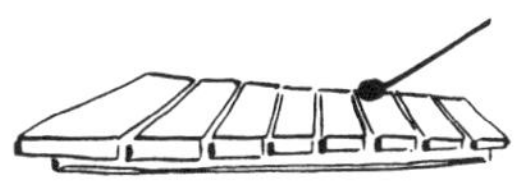 *Metallophon*

 *Regenmacher*

 *Maracas oder Cabasa*

 *Holzblocktrommel*

 *Großes Becken*

„Verstehst du das?“, fragt Felix seinen Bruder Henning. „Die Leute freuen sich immer nur riesig auf den Sommer, dabei ist der Herbst doch genauso schön!“ Henning schaut etwas verständnislos. „Was soll denn daran schön sein? Es regnet und stürmt schon den ganzen Tag. Und gestern war es auch nicht besser.“ „Na, das ist doch toll!“, lacht Felix, „Komm, wir gehen nach draußen!“ Henning hat eigentlich keine Lust. Aber schließlich lässt er sich doch von Felix überrreden.

Sie ziehen ihre Matschhosen, die Regenjacken und die gelben Gummistiefel an

und laufen hinaus.

Der Regen ist noch stärker geworden.

mit den Fingern tippen

Dicke Tropfen prasseln auf sie herab.

Felix beginnt zu laufen.
„Komm, ich weiß, wo es eine ganz dicke Pfütze gibt“, ruft er seinem Bruder zu. Henning kann die Worte von Felix nicht verstehen, der Regen und Sturm übertönen sie.

Er läuft seinem Bruder einfach hinterher.

Plötzlich stoppt Felix.

eins, zwei, drei …

Er beginnt zu zählen: „1,2,3 und los!“ Mit Geschrei springt er in eine riesige Pfütze hinein.

Henning macht es ihm nach.

Lachend stampfen sie noch eine Weile durch das tiefere Wasser.

Dann laufen sie weiter in einen kleinen Wald.

Die Bäume schützen sie vor den dicken Regentropfen. Der Wald hat jetzt viele Farben bekommen.

Rote, gelbe, braune und grüne Blätter bedecken den Waldboden.

Henning nimmt einen Stapel Blätter zwischen seine Hände

und wirft ihn über seinen Bruder.

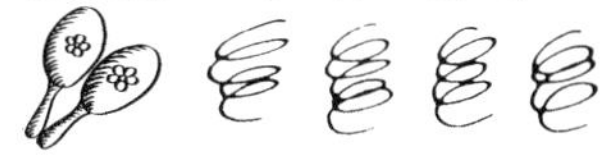

Felix ruft: „Na warte!“ Auch er greift nach den bunten Blättern.

Eine wilde Blätterschlacht beginnt.

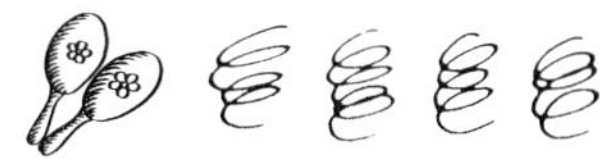

Schließlich lassen sich beide ganz erschöpft auf einem Baumstamm nieder.

Sie lauschen. Der Regen hat aufgehört. Auch der Sturm hat sich etwas gelegt.
Dann hören sie auf einmal ein Rascheln.

Gespannt schauen sie auf einen Blätterhaufen. Das Rascheln wird lauter,

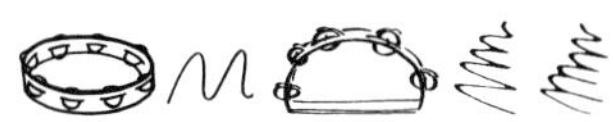

bis schließlich eine kleine stachlige Kugel aus dem Blätterhaufen hervortippelt.

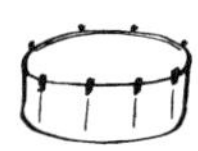

mit den Fingern tippen

Erfreut schauen sie dem kleinen Tier noch eine Weile zu. Hast du erraten, um welches Tier es sich handelt?

Das Lagerfeuer

Folgende Instrumente können in dieser Geschichte eingesetzt werden:

Reco Guiro

Maracas oder Cabasa

Schellenring

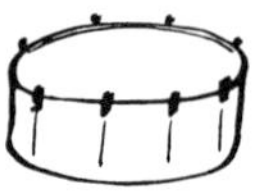

Handtrommel

Holzblocktrommel

Kastagnetten

Triangel

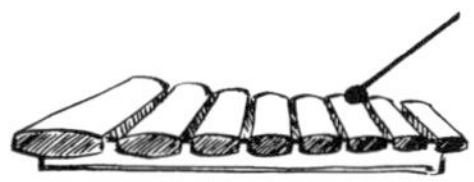

Xylophon

Bongos

Pauken

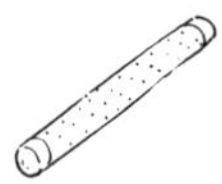

Regenmacher

Papier

Endlich war es so weit.
Das Lagerfeuer wurde angezündet.

Ein leises Knistern war zu hören.

Alle schauten ganz gespannt zum großen Holzstapel.
Das Papier brannte schon lichterloh.

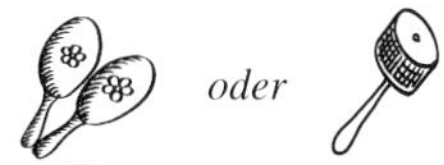

Nun fingen auch die ersten dünnen Äste an zu brennen.

Tommy konnte es nicht mehr abwarten. Wild johlend rannte er los. Immer um das Feuer herum.

Dabei klatschte er mehrfach in die Hände. „Ich bin der Indianerhäuptling“, schrie er. „Wer macht mit beim Feuertanz?“

Fünf Kinder kamen angelaufen.

Nun wurde das Geschrei und Gejohle noch viel lauter.

Während die Kinder um das Feuer tanzten, flackerten die Flammen mit ihnen.

Das Feuer war inzwischen schon sehr groß geworden.
Funken flogen durch die Luft.

Die tanzenden Kinder hielten aber immer genug Abstand zum brennenden Feuer. Die glühenden Funken konnten sie so nicht erreichen.

Grauweiße Rauchwolken stiegen auf.
„Das sind die geheimen Indianerzeichen“, rief Tommy. „Nur der Indianerhäuptling weiß, was sie bedeuten!“

Während der Tanz immer wilder und lauter wurde, zogen am Himmel düstere Wolken auf.

mit den Fingern tippen

Vereinzelt bekam man schon einige Regentropfen ab.

Von weiter Ferne hörte man ein Donnergrollen.

Der Regen wurde für kurze Zeit etwas stärker, dann ließ er nach, bis er ganz aufhörte.

Das Gewitter war an den tanzenden Kindern vorbeigezogen. Das Fest am Lagerfeuer konnte so noch lange weiter gefeiert werden.

Diese Klanggeschichte passt sowohl zum Thema Feuer als auch zum Thema Indianer. Beide Themenkreise üben eine besondere Faszination auf Kinder aus.
Was den Umgang mit Feuer angeht, ist es besonders wichtig, den Kindern auch einmal etwas zuzutrauen. Das stärkt das Selbstvertrauen und macht Mut. Gewisse Regeln sind dabei natürlich vorher abzuklären.

Die roten Klackerschuhe

Folgende Instrumente können in dieser Geschichte eingesetzt werden:

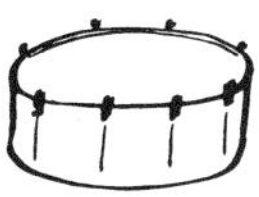 *Handtrommel*

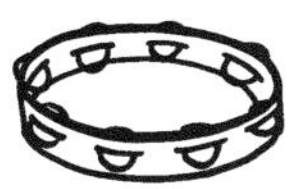 *Schellenring*

 *Holzblocktrommel*

 *Xylophon*

 *Glockenspiel*

 *Klanghölzer*

 *Pauken*

 *Triangel*

 *Kastagnetten*

 *Ratsche*

Mama war es leid. Sie waren nun schon in drei Schuhgeschäften gewesen, um für Eva neue Schuhe zu kaufen. Aber Eva gefielen keine der Schuhe, die ihr bisher von den Verkäuferinnen gezeigt worden waren.

Nun gingen sie in das letzte Schuhgeschäft in der Stadt.

Als sie die Ladentür öffneten, schellte es,

und sofort eilte eine Verkäuferin herbei.

„Was kann ich für Sie tun?“, fragte die Verkäuferin. „Diese junge Dame hier findet einfach nicht die richtigen Schuhe“, sagte Mama. „Es wäre wirklich schön, wenn Sie uns helfen könnten.“

Gemeinsam gingen sie einige Stufen bis zur Kinderschuhabteilung hinauf.

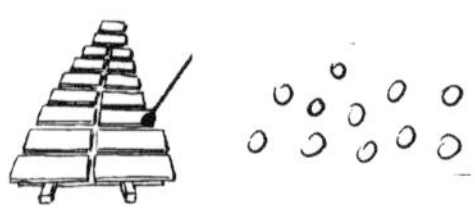

Die Verkäuferin zeigte Eva drei paar Schuhe, die zur Zeit bei vielen Mädchen sehr beliebt waren.

Eva probierte die Schuhe nacheinander an.

Hatte sie ein neues Paar angezogen, ging sie immer stampfend wie ein Elefant durch die Kinderschuhabteilung.

Dann schüttelte sie jedesmal den Kopf und sagte: „Nein, die Schuhe will ich nicht.“

Mama war schon völlig genervt.

„Ich weiß auch nicht, warum sie immer so losstampft und hinterher sagt, die Schuhe gefielen ihr nicht.“ Die Verkäuferin lachte, schaute zu Eva und sagte: „Ich glaube, du möchtest wirklich schon eine richtige junge Dame sein.“

Sie holte ein paar rote Lackschuhe aus dem Regal.

Mama verzog das Gesicht,
die Schuhe gefielen ihr gar nicht.

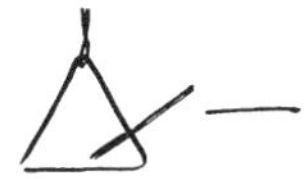

Eva schlüpfte in die roten Lackschuhe

und stampfte sofort los.

Als sie zurückkam, ging sie ganz normal. Sie strahlte.

„Die klackern sogar, wenn ich nicht stampfe“, sagte sie. „Die sind super, die will ich.“

Mama schüttelte nur den Kopf. Aber schließlich kaufte sie Eva doch die roten Klackerschuhe, denn sie war erleichtert, dass Eva überhaupt ein paar Schuhe gefunden hatte. Auch wenn es die roten klackernden Lackschuhe sein mussten.

Constanze Knäckebrot

Folgende Instrumente können in dieser Geschichte eingesetzt werden:

Reco Guiro

Triangel

Schellenkranz

Klanghölzer

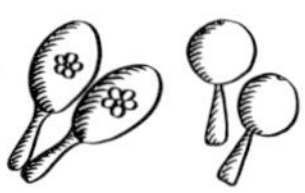
Maracas

Bongos

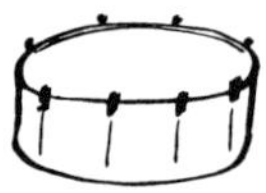
Handtrommel

Schellenring

Großes Becken

Es gibt da ein Mädchen, das heißt Constanze. Ihr Nachname ist eigentlich Obermeier, doch die Kinder rufen immer nur Constanze Knäckebrot.

Constanze isst nämlich am allerliebsten Knäckebrot.

Wenn Mama morgens ruft: „Was soll ich in deine Kindergartentasche legen?“, bekommt sie immer die selbe Antwort: K n ä c k e b r o t !

Aber nicht nur morgens isst Constanze am liebsten Knäckebrot, sondern auch mittags, nachmittags und abends – also eigentlich immer.

Mama ist schon am Verzweifeln.

Auch wenn Knäckebrot gesund ist, kann es nicht gesund sein, wenn man gar nichts anderes mehr isst.

Eines Sonntagmorgens hat Mama ihre Constanze zum Frühstück gerufen.

Als Constanze nach dem Knäckebrot fragt, behauptet Mama, es sei keines mehr da. Mama hat Constanze statt dessen Toastbrot angeboten.

Aber Toastbrot wollte Constanze auf gar keinen Fall.

Sie hat geschrien und getobt

und mit den Fäusten auf den Tisch getrommelt.

Schließlich hat Mama ihr dann doch Knäckebrot gegeben.

Constanze hätte sonst nämlich gar nichts gegessen.

knurren

Und weil ihr Magen schon ganz laut knurrte,
hat Mama nachgegeben.

ha ha …
Constanze
Knäckebrot

Constanze scheint es auch nicht zu stören, dass alle Kinder ständig lachend und klatschend „Constanze Knäckebrot“ hinter ihr herrufen.

Einmal kommt Constanzes Opa zu Besuch. Constanze liebt ihren Opa sehr. Opa weiß so viele interessante Geschichten zu erzählen.

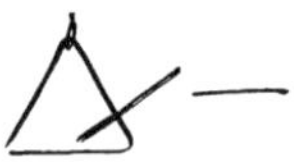

Er ist sehr klug.

Als Opa hört, dass Constanze nur noch Knäckebrot essen will, geschieht etwas sehr Sonderbares.

Opa nimmt eine Scheibe Knäckebrot in die Hand und hält sie hoch.

Dann beugt er sich zu Constanze und flüstert ihr etwas ins Ohr. Constanze schaut Opa mit großen Augen an.

Und von da an, ihr werdet es kaum glauben, hat Constanze kein Knäckebrot mehr haben wollen. Sie hat stets gegessen, was Mama ihr zubereitet hat.

Überlegt einmal, was könnte der Opa Constanze in das Ohr geflüstert haben. Wer hat eine Idee?

Nikolaus und Mickymaus

Folgende Instrumente können in dieser Geschichte eingesetzt werden:

Pauken

Holzblocktrommel

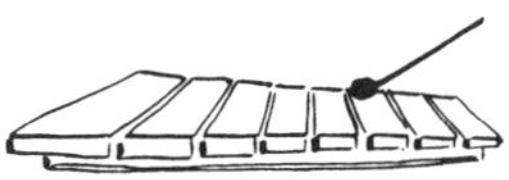

Metallophon

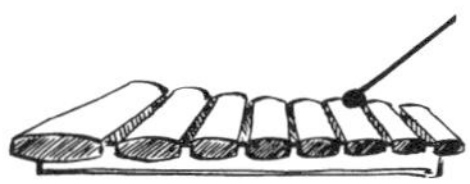

Xylophon

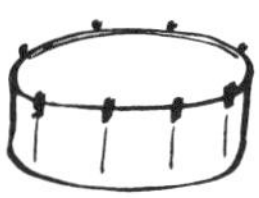

Handtrommel

Maracas oder Cabasa

Schellenkranz

Triangel

Tommy und Bastian saßen zusammen vor einem Stapel Mickymaushefte. Tommy war zweieinhalb Jahre alt und sein Bruder neun. Wenn Bastian gute Laune hatte, dann ließ er Tommy mit in seine Mickymaushefte schauen.

ha ha …

Der kleine Tommy verstand oft nicht, warum Bastian bei vielen Bildern laut lachen musste.

hi hi …

Aber weil er es schön fand, wenn sein Bruder sich freute, lachte er immer mit.

Als sie die Mickymaushefte beiseite gelegt hatten, sagte Bastian: „Morgen kommt der Nikolaus, Tommy, freust du dich schon?“ Tommy nickte.

Am 6. Dezember, dem Nikolaustag, warteten alle ganz gespannt auf ein lautes Poltern vor der Tür. So kündigte sich der Nikolaus immer an, wenn er kam.

Die Familie saß auf dem Sofa.

Alle bis auf Tommy. Dann kam er angelaufen.

Er trug einige der Mickymaushefte von Bastian unter dem Arm.

„He“, schrie Bastian, „was willst du mit meinen Heften?“

„Die sind für den Besuch“, sagte Tommy, „da wird er sich bestimmt freuen!“

Bastian wollte gerade noch etwas erwidern, als sie ein Poltern vor der Tür hörten.

Alle hielten den Atem an.

Dann klopfte es.

Eine tiefe Stimme sagte: „Öffnet die Tür, der Nikolaus ist hier!“ Bastian rannte sofort zur Tür und machte sie auf.

Der Nikolaus mit Mitra und dem Bischofsstab trat ein.

Er schleppte einen großen Sack mit sich.

Bastian war ganz aufgeregt.

Doch wo war Tommy? Tommy hatte sich sofort nachdem er den Besucher gesehen hatte hinter dem Sofa versteckt.

„Was ist denn los, Tommy?“, fragte seine Mutter. „Der Nikolaus ist hier. Er möchte auch dir guten Tag sagen.“ Tommy flüsterte: „Mama, der sieht ja gar nicht aus wie Mickymaus.“ Mama lachte: „Das ist ja auch nicht Mickymaus sondern der Heilige Nikolaus, der einst ein Bischof war und vielen Menschen Gutes getan hat.“ „Was will er denn?“, fragte Tommy. „Er möchte dir guten Tag sagen und dir vielleicht auch etwas schenken.“

„Schenken“, das hörte sich gut an und Tommy kroch hinter dem Sofa hervor.

Und als der Nikolaus zu ihm sprach, merkte Tommy, dass dieser Mann wirklich sehr freundlich war.

Nachdem der Nikolaus wieder gegangen war, erzählte Mama noch viele spannende Geschichten vom Bischof Nikolaus. Tommy hörte aufmerksam zu. Und als Mama die letzte Geschichte erzählt hatte, strich sie Tommy mit der Hand über die Haare, lachte und sagte: „Und du hast also gedacht, wir bekommen Besuch vom *Bischof Mickymaus*!“

Die kleine Schneeflocke

Folgende Instrumente können in dieser Geschichte eingesetzt werden:

 *Glockenspiel*

 *Triangel*

 *Schellenring*

 *Holzblocktrommel*

 *Schellenkranz*

 *Handtrommel*

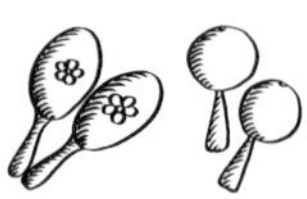 *Maracas*

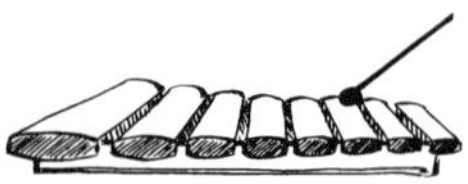 *Xylophon*

 *Großes Becken*

 *Kastagnetten*

Endlich war es so weit.
Tausende von Schneeflocken fielen wieder aus den hellen Schneewolken auf die Erde nieder.

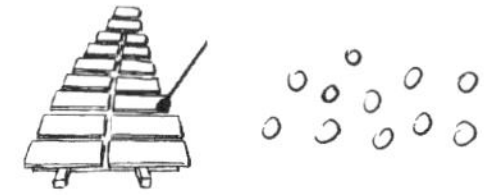

Sie wirbelten wild durcheinander, bevor sie sich auf Dächern, Bäumen, Sträuchern, Feldern, Wiesen und vielem mehr niederließen.

Eine der vielen Schneeflocken tanzte besonders wild.

Kreuz und quer,

hoch und nieder ging ihr Flug.

Die kleine Schneeflocke fand es besonders schön, so durch die Luft zu wirbeln.

Sie dachte gar nicht daran, schon zu Boden zu fallen, um mit den anderen Schneeflocken einen großen weißen Teppich zu bilden.

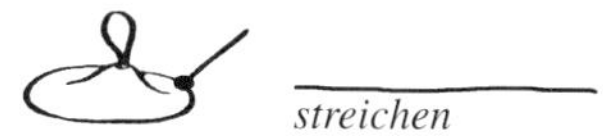

Nein, sie wollte lieber noch lange Zeit weiter durch die Luft tanzen.

„Kommt, wir machen einen Kreis!“, rief sie einigen Schneeflocken zu. Doch als Antwort erhielt sie nur: „Nein nein, wir suchen uns lieber einen schönen Platz auf der Erde. Dort warten schon unsere Freunde.“ Die kleine Schneeflocke kümmerte das nicht. Sie tanzte alleine weiter.

Aber leider konnte sie es nicht verhindern, in ihrem wilden Flug der Erde immer ein Stück näher zu kommen.

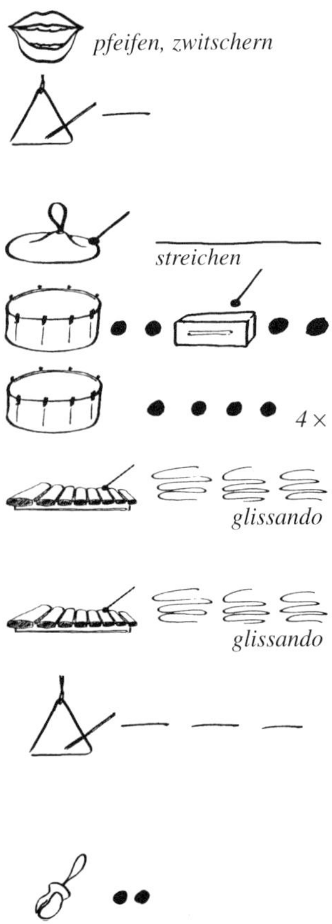

Jetzt war sie schon auf gleicher Höhe mit einigen Singvögeln, die in der kalten Heimat überwintern.

Und dann sah sie auch schon die Spitze einer großen Kirche.

Oje, bald musste sie sich entscheiden, wo sie landen wollte. Sie sah ein großes Feld,

viele Häuser, Staßen und Autos.

Auf einer Wiese bauten vier Kinder einen Schneemann.

Jedes von ihnen rollte eine Schneekugel.

Ein Junge mit einer roten Zipfelmütze rollte die kleinste Kugel.

Die Wangen und die Nase des Jungen hatten von der eisigen Kälte fast dieselbe Farbe wie seine Zipfelmütze.

Das gefiel der kleinen Schneeflocke sehr. Sie entschied sich für einen Platz auf der Schneekugel des Jungen.
Erschöpft von ihrem wilden Flug ließ sie sich dort nieder.

Und so wurde die kleine Schneeflocke Teil eines wunderschönen Schneemanns.

Der erste Schnee begeistert vor allem die Kinder. Er bietet ihnen viele neue Beschäftigungsmöglichkeiten. Aber auch drinnen kann man das Thema aufgreifen und z.B. musikalisch gestalten.

Die kleine Melodie

Folgende Instrumente können in dieser Geschichte eingesetzt werden:

	*Ratsche*		*Holzblocktrommel*
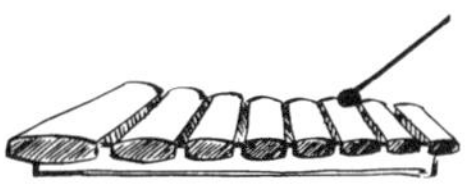	*Xylophon*		*Glockenspiel*
	*Triangel*		*Schellenring*
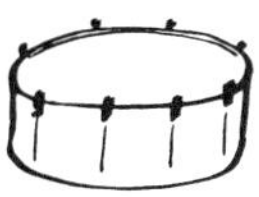	*Handtrommel*		*Klanghölzer*
	*Großes Becken*		*Saiteninstrument*

Clara und Oma Frieda stiegen gerade die alte knarrende Holztreppe zu Oma Friedas Dachboden hinauf.

Clara war sehr aufgeregt.

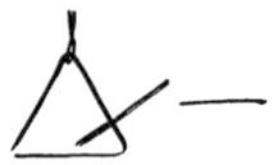

Auf Dachböden gab es immer viel Interessantes zu entdecken. Hier oben war es zunächst stockfinster, bis Oma ein kleines schwaches Licht anknipste.

„Oh“, schrie Clara, hier gab es wirklich viel zu erforschen. Alte Matratzen, auf denen man herrlich springen konnte,

eine Holzgitarre die nur noch zwei Saiten hatte,

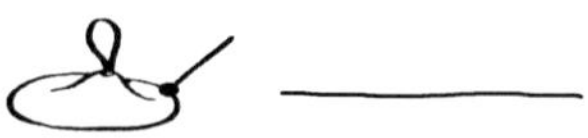

ein Spiegel der einen ganz dick aussehen ließ,

und dann ein kleines Kästchen. Clara stolperte darüber, als sie gerade zu der Gitarre greifen wollte.

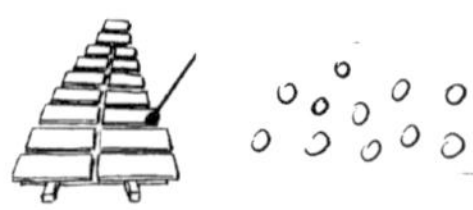

Das Holzkästchen öffnete sich und es erklang eine wunderschöne Melodie.

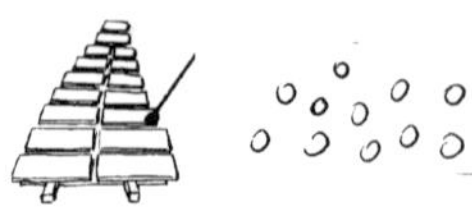

Wie verzaubert blieb Clara stehen und lauschte.

mit den Fingern tippen

Nur zu gerne hätte Clara dieses kleine Kästchen mit nach Hause genommen. Aber die Oma hatte gesagt, dass sie dort in Zukunft ihren Schmuck hineinlegen wolle.

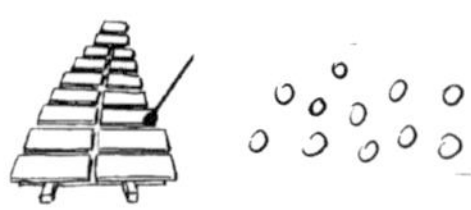

Als Clara an diesem Abend in ihrem Bett lag, hörte sie im Traum noch einmal die kleine Melodie.

Es war Heiligabend und unter dem Tannenbaum lagen viele bunte Päckchen.

Clara war sehr gespannt. Sie hatte sich eine Barbie, ein Bilderbuch und noch vieles andere gewünscht.
Sie saßen am reich gedeckten Abendbrottisch. Papa hatte noch Streichhölzer zum Anzünden der Kerzen gesucht.

Nun eilte er herbei.

Mit dem Fuß stieß er gegen ein kleines rotes Päckchen.

Und auf einmal lauschten alle einer zauberhaften Melodie, die aus dem roten Päckchen kam.

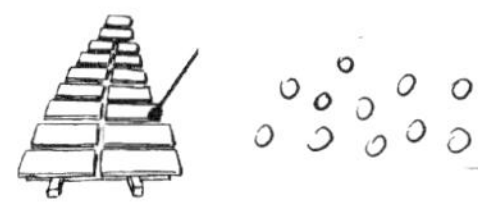

Clara lächelte und Oma Frieda zwinkerte ihr freudestrahlend mit einem Auge zu.

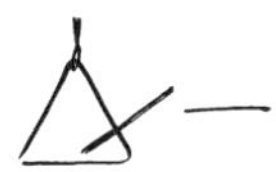

Ältere Kinder, die schon erfahrener im Umgang mit Instrumenten sind oder etwa die Musikschule besuchen, können eine eigene Melodie für das Holzkästchen erfinden. Bei jüngeren Kindern kann die Melodie, die aus dem Kästchen kommt, durchaus unterschiedlich sein. Das Wichtigste ist die Freude am Spielen und Musizieren.

Sylvester

Folgende Instrumente können in dieser Geschichte eingesetzt werden:

Triangel

Schellenkranz

Schellenring

Maracas

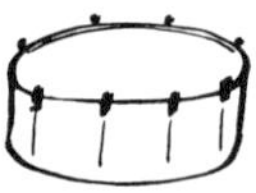

Handtrommel

Kastagnetten

Bongos

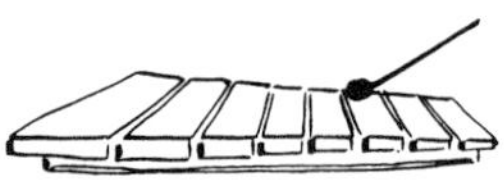

Metallophon

Klanghölzer

Holzblocktrommel

Pauken

Dieses Jahr werde ich wach bleiben. Es ist schließlich schon zehn Uhr.

Nur noch zwei Stunden bis zum neuen Jahr

und dem großen Feuerwerk.

Mama hat es mir versprochen, wenn ich bis 12 Uhr noch wach bin, dann darf ich mir das Feuerwerk ansehen.

Letztes Jahr hätte ich es fast geschafft, wenn meine Eltern nicht diesen furchtbar langweiligen Film im Fernsehen angeschaut hätten.

Der war so langweilig, da bin ich plötzlich eingeschlafen.

Aber heute bleibe ich wach! Mit meinem Papa spiele ich einige Runden „Mensch ärgere dich nicht“.

Die Zeit vergeht nur sehr langsam.

Noch immer ist es etwas mehr als eine Stunde bis zum Feuerwerk.

Wir spielen noch andere Spiele.

Zwischendurch muss ich öfter laut gähnen.

Dann endlich ist es so weit. Im Radio kündigt die Radiosprecherin die letzten zehn Sekunden dieses Jahres an. Wir zählen rückwärts von zehn bis eins mit.

Da höre ich schon die ersten Raketen hochgehen.

Von unserer Terrasse aus kann ich alles gut beobachten. Ich darf sogar einige kleinere Knaller anzünden.
Natürlich mit Papas Hilfe.

Das ist ein Fest.

Mama steht im Haus hinter dem Wohnzimmerfenster. Die Raketen und Knallkörper sind ihr einfach zu laut. Papa steckt extra für sie ein Leuchtrad an. Es macht keine lauten Knallgeräusche.

Funkelnde bunte Sterne werden nur mit einem leisen Zischen in alle Himmelsrichtungen verstreut. Wunderschön!

An Papas Seite habe ich keine Angst.
Da erscheint wieder einer dieser glitzernden Goldregenkracher am Himmel.

Die gefallen mir am besten, es sieht so aus, als fielen tausende kleiner Sterne vom Himmel auf die Erde.

Dann ertönt wieder ein lauter Knall
und noch einer kurz drauf.

Das ist toll. Ich könnte noch lange zusehen. Aber leider geht das Feuerwerk viel zu schnell zu Ende.

Doch im nächsten Jahr wird es ein neues geben, und ich werde wieder dabei sein.